Francisco de Rojas Zorrilla

La más hidalga hermosura

Barcelona **2024**
Linkgua-ediciones.com

Créditos

Título original: La más hidalga hermosura.

© 2024, Red ediciones S.L.

e-mail: info@linkgua.com

Diseño de cubierta: Michel Mallard.

ISBN tapa dura: 978-84-9953-621-7.
ISBN rústica: 978-84-9816-226-4.
ISBN ebook: 978-84-9897-771-4.

Sumario

Brevísima presentación

La vida

Francisco de Rojas Zorrilla (Toledo, 1607-Madrid, 1648). España.

Hijo de un militar toledano de origen judío, nació el 4 de octubre de 1607. Estudió en Salamanca y luego se trasladó a Madrid, donde vivió el resto de su vida. Fue uno de los poetas preferidos de la corte de Felipe IV. En 1645 obtuvo, por intervención del rey, el hábito de Santiago.

Empezó a escribir en 1632, junto a Pérez Montalbán y Calderón de la Barca, la tragedia El monstruo de la fortuna. Más tarde colaboró también con Vélez de Guevara, Mira de Amescua y otros autores.

Felipe IV protegió a Rojas y pronto las comedias de éste fueron a palacio; su sátira contra sus colegas fue tan dura al parecer que alguno de los ofendidos o algún matón a sueldo le dio varias cuchilladas que casi lo matan. En 1640, y para el estreno de un nuevo teatro construido con todo lujo, compuso por encargo la comedia *Los bandos de Verona*. El monarca, satisfecho con el dramaturgo, se empeñó en concederle el hábito de Santiago: las primeras informaciones no probaron ni su hidalguía ni su limpieza de sangre, antes bien, la empañaron; pero una segunda investigación que tuvo por escribano a Quevedo, mereció el placer y fue confirmado en el hábito (1643). En 1644, desolado el monarca por la muerte de su esposa Isabel de Borbón y poco más tarde por la de su hijo, ordenó clausurar los tablados, que no se abrirán ya en vida de Rojas Zorrilla, muerto en Madrid el 23 de enero de 1648.

Personajes

El conde Fernán González
García Fernández, su sobrino
García, rey de Navarra
Teresa, reina de León
Albar Ramírez
Ramiro, rey de León
Nuño, lacayo
Doña Sancha, infanta
Violante, dama
Ortuño, viejo
Flora, criada
Octavio
Soldados
Músicos
Acompañamiento

Jornada primera

(Tocan cajas, y salen por dos puertas el Rey, la Reina y acompañamiento.)

Rey   Este cavado metal
                 que al aire anima sonoro,

Reina   Este parche que es del viento
                 escándalo numeroso,

Rey   Este gusto...

Reina   Esta inquietud...

Rey   Son, Señora...

Reina   Son, Señor...

Rey   Señas.

Reina   Pregones dichosos,

Rey   De que a León ha llegado

Reina   Entre marciales despojos,

Rey   El conde Fernán González.

Reina   De Navarra victorioso.

Rey   Yo os doy muchos parabienes.

Reina   Yo, Ramiro, os doy los propios.

(Tocan una sordina.)

Rey	Mas, ¡válgame Dios! ¿Qué escucho?
Reina	Mas, ¡cielos! ¿Qué es lo que oigo?
Rey	¡Destemplado el atambor!
Reina	¡El ya alegre clarín ronco!
Rey	Suenan como que suspiran.
Reina	Hablan como con sollozos.
Rey	¿Quién de tan grande mudanza...
Reina	la causa dirá?

(Sale Violante.)

Violante   Yo solo
podré decir, que al llegar
a la vista de este heroico
palacio Fernán González,
las escuadras que de adorno
venían sirviendo a sus triunfos,
como con un alma todos,
las cuchillas de las picas
que arrimaban a sus hombros
hacia el suelo las volvieron;
y las banderas que al soplo
del céfiro eran tendidas
vagos jardines hermosos,

recogidas a sus astas
desde el limpio acero al plomo,
las que entraban como galas
ocupaban como estorbo.
Mas ya él llega y explicaros
podrá la causa que ignoro.

(Tocan a marchar.)

(Salen soldados. García Fernández, Albar Ramírez, Nuño y el Conde.)

Conde   Deme vuestra majestad
             su real mano.

Rey   Generoso
             Conde de Castilla, el suelo
             no os merece a vos; más propio
             descanso serán mis brazos.

Conde   Ya la mayor dicha logro:
             Vuestra majestad, Señora,
             por el más felice abono
             de mis servicios, permita
             que bese el suelo dichoso
             que pisa.

Reina   A tan gran soldado
             ese es galardón muy poco;
             no estéis así.

Conde   De mis dichas
             ésta es la mayor que toco.

Rey   Sacadnos ahora de una

duda que nos tiene absortos;
¿Por qué cajas y clarines
habiendo entrado sonoros,
al llegar a mi palacio
hicieron son lastimoso?

Conde   El principio fue, Señor,
cumplir con vos, y lo otro
con la Reina, mi Señora,
a quien tengo por forzoso
que aflija.

Reina   No prosigáis,
que aunque venís victorioso
de las armas de mi padre,
y aunque de Navarra el solio
fue el primer sitio que tuvo
la cuna de mi reposo,
en mi pecho eso no puede
causar el menor estorbo.
Que el pariente más cercano
de las reinas es su esposo,
y solo son naturales
del suelo, aunque sea remoto
donde reinan sus maridos
y a quien dan leves gloriosos.
Esto es en cuanto a reina;
en cuanto a esposa, me corro
de que presumáis que estamos
tan distintos, que en nosotros
quepa el número de dos,
que es entre amantes odioso.
Uno somos, porque yo
en Ramiro me transformo;

12

Él se ha de holgar de que el cielo
da a sus dichas estos colmos;
pues mirad cómo podré
no tener el mismo gozo.

Conde   Supuesto, pues, que mi voz
no tiene ya aqueste estorbo,
este fue todo el suceso.

Rey   Referidlo.

Conde   Es deste modo:
llegó la hora fatal
de verse los numerosos
campos de León y Navarra
vertiendo horrores y asombros.
Dos colinas ocuparon
el uno enfrente del otro,
que con la luz de las armas
eran de diamante escollos.
Estaba la infantería
del cerro en lo más fragoso,
con las picas arboladas,
cuyos aceros lustrosos
como tan altos se veían,
imaginaron los ojos
que se habían encendido
en el Sol de llamas golfo.
Los caballos ocupaban
el sitio más espacioso,
llenos de arrogancia el pecho
y el ademán de alborozo.
Mas ¿qué mucho que los hombres
mostrasen valor heroico,

13

cuando los mismos caballos,
mal hallados en el ocio,
se abrasaban de tal suerte,
se encendieron de tal modo,
que pedazos parecían
de aquellos cuerpos briosos?
Empezaron a bajar
los dos campos poco a poco
de los sitios eminentes,
y fue haciéndose más corto
el espacio, que entre ellos
florido estaba y lustroso.
Pero así como el valor,
generosamente loco
y pródigo de la vida,
se miró sin los estorbos
de la distancia, se mueve
colérico y presuroso;
más quien embistió primero
con los navarros fue el polvo.
Ya un escuadrón se dispara
contra el batallón, que pronto
sale a recibir valiente
los golpes impetuosos.
Nubes de embotado hierro,
y el hueco del aire es poco
para las astas que suben
a sus regiones en trozos.
Muchos brazos logran muertes,
muchos de puro ingeniosos
malbaratan las heridas
no topando objeto propio.
Cadáveres aun no fríos
cubren el suelo, ya rojo

con su sangre, de tal suerte,
que los arpones que el corvo
arco disparó enemigo
con estallido espantoso,
no halla tierra en qué caer;
y crueles de muchos modos,
si no dan la muerte a un vivo,
son de un muerto vivo enojo.
Los cabos allí no mandan,
el consejo andaba ocioso,
todo lo hace el acaso,
todo a mi voz está sordo,
la fortuna lo guiaba
y yo lo miraba todo.
Viendo, pues, mi autoridad
baldía, y que allí supongo
por un soldado no más,
el noble bastón arrojo,
y para servir de algo
una gruesa lanza tomo.
Llego al primero que encuentro
y el duro peto le rompo,
y por la herida su alma
halló fácil desahogo.
A muchos les di la muerte,
y entrándome por un soto,
de espaldas vi un caballero
que cerca de un blanco chopo
pareció que descansaba
de los marciales ahogos;
pero apenas escuchó
el pisar fuerte y ruidoso
de mi caballo en la sangre
de que en el campo había arroyos,

cuando a mí volvió erizado
como león generoso
a quien la luz de las armas
dio de repente en los ojos.
En los arzones se afirma
de la cuja saca el corto
pie de la lanza, y la rienda
dispone al choque furioso.
Apercíbese al encuentro,
y como fieros abortos
que dentro de sus entrañas
guarda fuego escandaloso,
uno con otro embestimos
y a un tiempo vimos en trozos
divididas nuestras lanzas;
mas de la mía espantoso
se asomaba el primer tercio
al arnés templado roto
de mi enemigo a la espalda,
vertiendo sobre los lomos
del caballo tanta sangre,
que el que pareció en los tornos
hecho de plata bruñida,
fue bermellón espumoso;
mas no por eso la vida
y el valor lo dejan solo,
que vengativa su diestra
halló de la espada el pomo.
Sacamos las dos cuchillas
y al certamen riguroso
volvimos, y él esperando
con menos tino que enojo,
daba los golpes al aire,
que con ayes lastimosos

tiernamente se quejaba
a las flores, que en contorno
a nuestros valientes brazos
eran teatro oloroso.
Ambos iban ya cayendo;
pero el caballo oficioso
procuraba atentamente
el no caer de tal modo
que lastimase a su dueño,
como suele galán olmo
a quien bella vid le abraza,
que desjarretado el tronco
cae con cortés atención
de no ofender los pimpollos
de aquella planta, a quien debe
cariños afectuosos.
Así el bruto agradecido
procuraba cuidadoso
el no ofender a su dueño;
y, en fin, el uno y el otro
en el lamentable campo
quedaron rostro con rostro.
Llegó a este tiempo un soldado
infante, que codicioso
del rendido, se entregó
del cadáver al despojo.
Diligente la visera
le quitó, cuando conozco
que es Sancho, rey de Navarra,
el muerto.

Reina   ¡Cielos! ¿Qué oigo?
¿Mi padre murió? ¡Mal haya
la victoria, pues la compro

con el precio de una vida
que era la luz de mis ojos!
¡Mal haya, amén, el acero
que soberbio y licencioso
se atrevió a verter la sangre
que aun va derramada adoro!
Nunca el Conde de Castilla
el bastón impetuoso
empuñara; mas ¿qué es esto?
¿Cómo la gloria interrumpo
de mi esposo con gemidos
y la estrago con sollozos?
Vuestra majestad perdone,
que es este afecto tan propio
que dél no pude librarme,
y crea que no hay soborno
para mí como sus dichas.

Rey   Yo, Señora, ni me enojo
ni me admiro de ese llanto,
que por un padre es forzoso,
antes por su muerte yo
secretas lágrimas lloro.

Reina   Yo os lo estimo como debo.
(Aparte.)   (¡Ah traidor Conde alevoso!
¡Qué bien lograste el veneno
de tu envejecido odio!
Mas yo tomaré venganza
aunque lo impida mi esposo.)
Decid, Conde, lo que resta;
hablad.

Conde   Lo que resta es solo

| | que triunfaron de Navarra
las armas de vuestro esposo. |

Rey

Yo me doy por bien servido,
Fernán González, y pongo
por primero en mis cuidados
el que no quedéis quejoso.

(Vase.)

Reina

Conde, aunque muestro dolor
y aunque la desdicha lloro
de mi padre, sé que os debe
esta corona que gozo
mucho; yo os lo premiaré.

(Aparte.)

(Tú veras cómo dispongo
el castigo que merecen
de mi sangre los oprobios.)

(Vase.)

Violante

¿Conde?

Conde

¿Qué mandas?

Violante

Aquí,
aunque mirándome estén,
te he de dar un parabién;
dame tú un pésame a mí.

Conde

¿De qué, Violante divina?

Violante

De que de la Reina dama
ya no soy, porque me llama

mi padre, que determina
que a Pamplona vaya luego
a servir de camarera
a la Infanta, y ya me hubiera
partido, si aqueste fuego,
si aquestas mis penas bravas
del amor que te he tenido,
no me hubieran detenido
aguardando a que llegaras;
ya te he visto, y ya ha llegado
de no verte más el día.

Conde   Esa pena ha de ser mía
               pues yo soy el desdichado.
(Aparte.)   (Yo quiero fingir ahora
               con esta, pues se ha de ir
               mas a la que va a servir
               es la que mi pecho adora.)
               Y cree, que en pena tanta
               desde hoy tendré con razón
               en Navarra el corazón
(Aparte.)   (Pero ha de ser en la Infanta);
               y pues lo quiere mi estrella,
               en desapacible calma
               en Pamplona tendré el alma.
(Aparte.)   (A los pies de Sancha bella.)

Violante   Fiada en eso, a tus pies
               te he de pedir un favor,
               y es, que creas que es mi amor
               lo que yo creo que es;
               y ahora que en vano lloro
               queda adiós.

Conde	¡Qué desconsuelo!
Violante	Llévete a Pamplona el cielo.

(Vase.)

Conde	A ver los ojos que adoro.

(Sale la Reina.)

Reina (Aparte.)   (Así mi venganza trazo.)
Yo estimo tanto el aumento
deste reino, y quiero tanto
a mi esposo, que sus dichas
comprara, a ser necesario,
con mi sangre y con mi vida,
y agradecida me encargo
de premiar a quien le sirve,
y así vos, por lo bizarro,
lo leal y lo prudente
que ahora os habéis mostrado,
os quiero dar esta joya,
y estimadla, que en su tanto
Vale tanto como yo;
Guárdeos el cielo mil años.

(Vase.)

Conde   Bésoos los pies muchas veces.
Confuso, ciego y turbado
estoy, ¿qué podrá tener
esta caja, que tan alto
precio le puso la Reina?

Nuño	Yo no he sido lapidario, y he de apreciar esta joya antes de verla.
Conde	Veamos.
Nuño	Parece, Señor mío, que valdrá sus cien ducados, Seis más o menos.
Conde	¿En qué, dime Nuño, lo has hallado?
Nuño	En que esto valdrá la Reina vendida en Argel.
Conde	¡Villano!
García Fernández	Abre la caja, Señor.
Nuño	No abras tal que habrá algún diablo.
Conde	No hay sino un ángel, amigos, porque es la joya un retrato de la infanta doña Sancha, hermana y prodigio raro de la Reina.
García Fernández	Pues en eso, tío y señor, ¿qué os ha dado?
Conde	Mucho y nada, ¿qué se yo? pero este papel debajo de la lámina venía.

Nuño   Yo imagino que soñamos.

García Fernández Leedle.

Conde   Si haré, porque
                nada de vosotros guardo.

(Lee.)   «Conde, si vais a Navarra,
                os dará Sancha la mano,
                que la Reina de León
                premia así a tan gran soldado.
                Y advertid que vais seguro
                que don García, mi hermano,
                hará aqueste casamiento,
                que yo lo tenía tratado
                antes, y él gustaba de ello
                sin encontrar embarazo;
                y ahora por cartas que escribo
                aplico a este empeño cuanto
                puedo con él, que no es poco;
                por creencia este retrato
                llevaréis, que él me envió
                por consuelo y por regalo
                La Reina.» ¡Bien haya, amén,
                la estrella que entre sus rayos
                influjo de tanta dicha
                tuvo para mí guardado!

García Fernández ¿Y ahora qué piensas hacer?

Conde   Partir, sobrino, volando
                a Navarra.

García Fernández	No lo apruebo.
Albar Ramírez	No te entregues a un engaño.
Conde	¿Cuándo los reyes a nadie engañan?
Nuño	Este agasajo me parece navarrisco, y tiene un poquito de agrio.
Conde	Vive Dios, que aquesa lengua te saque, si mal mirado hablas de la Reina mal.
Nuño	Ya como sin lengua callo.
Albar Ramírez	Yo, Señor, habré cumplido con estar siempre a tu lado.
Nuño	Yo con quedarme en León me excuso de mil trabajos.
Conde	Tú has de ir a acompañarme y Albar Ramírez.
Nuño	Andallo.
García Fernández	Tan poco soy de provecho, que para esto no valgo.
Conde	Vos importa que os quedéis, sobrino.

García Fernández	Pues id fiado que si acaso la fortuna (No lo quiera el cielo airado) se os declarara enemiga en Navarra, que este brazo conduciendo valeroso formidables castellanos os saque de cualquier riesgo, aun a pesar de los astros.
Conde	Pues vamos a prevenirnos.
Albar Ramírez	Pues a obedecerte vamos.
Conde (Aparte.)	(Sancha mía, dos mil vidas aventurara arrestado solo por mirar tus ojos.)
Albar Ramírez	Mucho temo algún fracaso.
García Fernández	Mucho temo una desdicha.
Conde (Aparte.)	(Ya sin verte no me hallo.)
Nuño	Y ya voy temiendo yo que me han de matar a palos,

(Vanse.)

(Salen Ortuño, viejo, y doña Sancha; corren una cortina y aparece en un trono don García, rey de Navarra.)

Doña Sancha	Navarros valerosos,

Ortuño	Obedientes, leales, generosos,
Doña Sancha	De la lealtad admiración primera,
Ortuño	Asombro a quien el mundo más venera,
Doña Sancha	Valientes en la guerra vencedores.
Ortuño	Muy justos en la paz gobernadores.
Doña Sancha	Aquí tenéis en trono descubierto...
Ortuño	A don García, de don Sancho el muerto legítimo heredero, que aclamamos.
Doña Sancha	¿Juraisle vuestro Rey?
Todos	Sí, lo juramos, con tal que él jure de guardar enteros de nuestra patria los antiguos fueros.
Ortuño	¿Juráis, Señor, juráis sobre estos santos Divinos Evangelios, de que cuantos fueros tiene este reino, fiel seguro, siempre los guardaréis?
Don García	Así lo juro.
Ortuño	Pues, navarros, decid con voz altiva que ¡viva nuestro Rey!
Todos	¡Don García viva, Nuestro rey y señor, de glorias lleno!

Ortuño	Para asombro y terror del agareno.
Doña Sancha	Pues ahora, Señor, a vuestra hermana le dad vuestra real mano.
Don García	Muy ufana ha de quedar la majestad con eso.
Ortuño	Yo la mano, Señor, ahora os beso por mí y por todos los navarros godos.
Don García	Yo os la doy, y los brazos para todos, y ya que está celebrada mi feliz coronación, y que me he puesto debajo de la corona el dolor de los cuidados, será justo empezar desde hoy y desde luego, a tratar de cumplir mi obligación; y así quiero retirarme.
Doña Sancha	Antes que salgáis, Señor, de aquí, tengo que deciros, quedando a solas con vos y con Ortuño.
Don García	Despejen.
Ortuño	Ya ninguno sino yo en esta cuadra ha quedado.
Doña Sancha	Pues dadme ahora atención, invicto rey don García,

nuevo en Navarra blasón,
cuyas virtudes sean tantas
que de tu reino el amor
se queje, de que tan tarde
la corona se te dio;
desaprisiona del gusto
de reinar el corazón,
y la presente alegría
no sufra que aquel rencor
que ha de estar allá en tu pecho
contra el aleve y feroz
conde de Castilla, que
con cautela y con traición
le dio en el campo la muerte
a tu padre y mi señor.
El reinar un poco antes
no se contrapese, no,
con el dolor de haber muerto
con infamia y con traición,
con agravio y con injuria
a aquel insigne varón
que de otro rey engendrado
para reinar te engendró.
Y repara, si del reino
el dulcísimo sabor
te embriaga, que tu padre,
valeroso campeón,
murió al hierro de una lanza
por hacértele mayor.
El conde Fernán González
por odio que concibió
contra él cuando en Navarra
fue atrevido embajador,
pudiéndole llevar preso

de la vida le privó.
Mira, Rey y Señor mío,
que a la joya de tu honor
a quien pasadas grandezas
dan presunciones de Sol,
solo le falta el rubí
de la sangre de un traidor.
Pues a verterla, García,
busca modos desde hoy
de que a tus rigores muera
quien tan bien lo mereció.
Y si estuviere templado
de ese tu odio el rencor,
rómpeme mi pecho luego
y sácame el corazón,
que trayéndole contigo,
yo la palabra te doy
que te ha de sobrar crueldad,
ira, enojo, indignación,
aun para el mayor estrago
que jamás el cielo vio.
Ea, hermano; ea, Rey mío,
dale principio a esta acción,
empiece desde este instante
la venganza más atroz.
Así los ejes del mundo
cierren tu jurisdicción,
muera en tus mares el día,
nazca tu vasallo el Sol,
y por las estrellas cuentes
los triunfos de tu valor.

Don García   Doña Sancha, hermana mía,
la violenta, la veloz

muerte de mi padre (que
en su reino tenga Dios)
está tan allá en mi alma,
que si cierra a la pasión
la fortuna los caminos
de vengar mi injuria, yo
llamaré a público duelo
al cobarde guerreador
que dio a mi padre la muerte,
a quien dándosela atroz,
aquel cadáver sangriento
tomará satisfacción.

Doña Sancha   ¡Oh cuánto me alegra oírte!
Y ¡Oh cuánto...!

(Sale Octavio.)

Octavio   Ahora llegó
a las puertas de palacio
Violante.

Ortuño   ¡Qué dulce voz!
Mi hija es, que ha llegado;
con vuestra licencia voy
a recibirla.

Don García   No vais;
decid que la llamo yo.

Octavio   Ya está aquí.

(Sale Violante.)

Violante   Y a vuestros pies.

Don García   Levantad.

Violante   Sin el favor
de que me deis a besar
vuestra mano, no es razón.

Don García   No estéis así.

Violante   Vuestra alteza
me dé la mano.

Doña Sancha   Vos sois
hija de un padre tan bueno
que os debo agrado mayor;
¿Cómo venís?

Violante   Como quien
viene a gozar del favor
de ser vuestra esclava.

Ortuño   ¡Ay hijos!
¡Cuánto alegra el corazón
vuestra vista!

Don García   ¿Cómo queda
mi hermana?

Violante   Queda, Señor,
llena de dolor y llanto,
y aquesta carta me dio
para vuestra majestad.

(Dásela.)

Don García   Quien tanto a su padre amó
                    no me espanto que le llore.

Ortuño   ¡Violante!

Violante   Padre y Señor,

Ortuño   por estar el Rey aquí
                    mil abrazos no te doy;
                    ¿Vienes buena?

Violante   Con tal gusto
                    fuerza es.

Don García (Aparte.)   (¡Qué feliz soy!
                    ¡Ah, hermana mía! ¡Qué bien
                    has mostrado tu afición
                    y tu entendimiento! El vil
                    Fernán González, traidor,
                    estará presto en mis manos.)

Doña Sancha
(Aparte.)   (En el semblante y la acción
                    muestra el Rey gusto leyendo.)
                    ¡Violante!

Violante   A tus pies estoy.

Doña Sancha   ¿Sabes lo que trae la carta?

Violante   No, Señora.

Don García (Aparte.)   (Dilación
                    no admite esto.) Sancha, vamos;
                    don Orduño, venid vos
                    conmigo, que encomendaros
                    quiero, porque sé quien sois,
                    cierta cosa que me importa.

Ortuño   ¿Cuándo no os obedeció
                    mi humildad?

Doña Sancha
(Aparte.)   (¿Qué habrá traído
                    esta carta?)

Don García   Sancha, adiós;
                    que tengo mucho que hacer.

Doña Sancha   Id en buen hora; mas no
                    olvidéis nuestra venganza.

Don García   No haré, Sancha, y el rencor
                    de entrambos logrará presto
                    furias en el que ofendió
                    a nuestra sangre.

Doña Sancha   Con eso
                    sosegará mi pasión.

Don García   Yo viviré consolado.

Doña Sancha   Y con menos ansias yo.

Don García   Yo con penas menos graves.

Doña Sancha	Yo con angustia menor.
Don García	Vamos, Ortuño.
Doña Sancha	Violante, vamos.
Don García	¡Qué gustoso voy!
Doña Sancha (Aparte.)	(Esta carta me ha traído apacible confusión.)

(Vanse.)

(Dicen dentro Nuño y el Conde.)

Nuño	Señor, no pase de aquí tu resolución bizarra, que la raya de Navarra es la que miras ahí. El demonio que allá vaya, mira que adivino soy.
Conde	Pues ya yo en Navarra estoy.
Nuño	Pues ya pasaste la raya.

(Salen Nuño y el Conde.)

Conde	¿Albar Ramírez a dónde se quedó? Con los caballos, porque ha gustado de atallos en la selva que se esconde.

34

(Sale Albar Ramírez.)

Albar Ramírez	Aquí estoy; aunque algo lejos quedé en la selva intrincada que Nuño no es para nada.
Nuño	Si soy, para dar consejos, puesto que para esto solo sirven mis habilidades. Señor, ¿es posible que no consideres que haces en entrarte en esta tierra un horrendo disparate? ¿Qué quieres que te dé un Rey a quien huérfano dejaste? Aunque sea rey de copas a la copa ha de tirarte. El sabio muda consejo, no desprecies lo mudable, que más linda es una dama y se muda por instantes.
Conde	Nuño, yo he de ir a Pamplona.
Nuño	¿Qué, nada te persuade?
Conde	Mi amante resolución es más firme que un diamante.
Nuño	Pues un cuento, Dios te libre, Sobre ti a plomo se cae. En cierta parte del mundo, que aquí no importa la parte,

había una grande hechicera
que volvía en animales
diferentes a los hombres;
a unos los hacía elefantes,
a otros gatos, a otros perros,
a otros tigres muy galanes,
y a otros torpes lechones;
en fin, cuanto la nadante
Arca, encerró, de Noé,
tenía ella en dos corrales.
Llegó un hombre que sabía
el contrahechizo al paraje
en que estaba, y empezó
con desenfado galante
a ir desencantando hombres,
que a sus formas naturales
volvían dando mil brincos
del contento de librarse.
Llegó a uno, a quien la forma
de cochino abominable
cubría, y hacía gran fuerza
con conjuros y ademanes
por desencantarle; mas
porque no le desencanten
lo que hacía era gruñir,
andar hacia atrás y darle.
El tal desencantador
se mataba por librarle,
mas el maldito lechón
le dijo, haciendo visajes:
«Yo gusto de ser cochino,
Vuesa merced no se canse».
Llévate esa doctrinita
y pasemos adelante.

Conde   Por el miedo en que te pongo
la chanza he de perdonarte:
y ahora a esa hermosa fuente
mientras los caballos pacen
nos podemos acercar.

Nuño   Eso es cosa de azacanes,
que eso de estar junto a fuentes
los aguadores lo hacen.

Conde   ¿Nada te contenta?

Nuño   No,
en Navarra.

(Dentro Octavio y Ortuño.)

Octavio   Al monte.

Ortuño   Al valle.

Nuño   ¿Ves como eres jabalí
pues que vienen a cazarte?

Ortuño   Tornad todos los caminos,
de suerte, que pasar nadie
pueda sin saber quién es.

Nuño   En peligro semejante,
ser mosca fuera gran dicha.

Conde   Vendrán de aquesos lugares
buscando algunos bandidos;

	pero vamos al paraje
	donde los caballos quedan.

| Nuño | Yo hago voto de ser fraile. |

(Salen Ortuño, Octavio y acompañamiento.)

| Octavio | A aquella parte hay tres hombres que parecen caminantes. |

| Ortuño | ¿Si será el Conde? |

| Octavio | No sé. |

| Ortuño | ¿Nadie le conoce? |

| Octavio | Nadie. |

| Ortuño | Cuando él a tratar estuvo en Navarra de las paces con León, estaba yo en Francia. |

| Octavio | Con preguntarles quién son, saldrás fácilmente de aquesas dificultades. |

| Ortuño | Dices bien; ¿quién es aquí el conde Fernán González? |

| Nuño | Yo no lo quisiera ser por un celemín de sastres. |

| Conde | Yo soy, ¿qué queréis? |

Ortuño	Que seáis preso.
Nuño	Requiescat in pace.
Conde	¿Pues quién me manda prender?
Ortuño	Don García (que Dios guarde), Rey de Navarra.
Conde	Mirad que un seguro a ella me trae de la Reina de León, su hermana.
Ortuño	Pudiera darle en su tierra, pero aquí esos seguros no valen.
Nuño	Voto a Cristo, que nos dio la Reina con la del martes.
Albar Ramírez (Aparte.)	(El Conde está en gran peligro, ahora, ahora lealtades; apartad, Albar Ramírez, porque no es justo que pase adelante ese disfraz.) Yo el Conde soy, que a casarme con vuestra Infanta venía en virtud de las reales cédulas y ofrecimientos de la Reina, siempre grande,

de León; pero pues dellas
tan poco caso se hace,
prendedme a mí, que este hombre
es un criado, que antes
de saber vuestros intentos,
en él quise disfrazarme.

Nuño (Aparte.) (¡Ah castellano famoso,
qué bien cumples con tu sangre!)

Conde (Aparte.) (Vive el cielo, que me ha dado
envidia acción semejante;
mas no he de dejar vencerme
yo en bizarrías de nadie;
fuera desto, yo pretendo
que sepa Sancha, que sabe,
muy fuera de ceremonias,
morir por ella su amante.)
Caballeros, el afecto
de ese hombre no os engañe,
que es mi criado, y yo soy
el conde Fernán González.

Albar Ramírez
(Aparte.) (¡Que quiera el Conde perderse
de bizarro y arrogante!)

Ortuño ¿Quién llegó a ver en el mundo
dos tan nobles voluntades?
¡Extraña acción! decid vos,
¿Quién es el Conde?

Nuño   Ignorante,
con llevártelos a entrambos,

	¿De aquesa duda no sales?
Ortuño	Si, mas preso no ha de ir, vive Dios, hombre en quien cabe tal amor, y por su dueño quiera a la muerte entregarse.
Albar Ramírez	Pues dejad ir a ese hombre.
Conde	Pues a mí habéis de llevarme, que soy el Conde.
Albar Ramírez	Dejad, Ramírez, los disparates, basten las lealtades necias; yo soy quien vertió la sangre de don Sancho, vuestro rey.
Conde	Aqueste acero que yace a mi lado le dio muerte.
Ortuño	¡Quién vio duda más notable!
Conde	Pues porque os desengañéis...
Ortuño	Decid.
Conde	¿No será constante que es el Conde el que trajere consigo una inestimable prenda del retrato hermoso de la Infanta?
Octavio	No es dudable

pena de amante grosero.

Conde   Pues yo le traigo, miradle.

Ortuño   Es verdad, aqueste es,
(Guarda el retrato.)   pero no es justo que ande
                  con quien cruel y soberbio
                  le dio la muerte a su padre.

Conde   Hombre atrevido, ¿qué has hecho?
                  vuélveme el retrato, antes
                  que te saque el corazón
                  y en piezas se le de al aire.
                  ¿Para cuándo, valor mío,
                  guardo las temeridades?
                  Ahora veréis.

Albar Ramírez   Señor,
                  Mira que esto es disparate,
                  y que es desesperación
                  evidente la que haces.

Nuño   Que vienen dos mil, Señor,
                  allí a cascarnos la parte.

Ortuño   De que vos el Conde sois
                  es argumento bastante
                  el sentimiento que aquí
                  mostráis, porque a no albergarse
                  grande amor en vuestro pecho,
                  no hicierais extremos tales;
                  y así llevadle, soldados.

Conde   Dime, ¿para qué es mandarles

que me lleven, cuando tú
atado a la bella imagen
de ese retrato me llevas
con cadenas agradables?
Soldados, no me llevéis,
más compasivos guiadme,
porque como ciego voy
el caer será muy fácil.

Ortuño   Vos bien os podéis volver.

Nuño   Del cielo goce la madre
              que te parió.

Ortuño   Yo no hablo
              con vos.

Nuño   Pues en los volcanes
              del infierno pene ella
              el disgusto que me haces.

Ortuño   A vos digo.

Albar Ramírez   Mis finezas
              no sufren esos ultrajes.

Octavio   Pues va este lacayo preso,
              lo mejor es maniatarle.

Nuño   Paréceme que ya he visto
              a ustedes.

Octavio   ¿Dónde, bergante?

Nuño	En un paso de Pasión con tocas y con alfanjes.
Ortuño	Ya os he dicho que volváis.
Albar Ramírez	Advertid, que si dejarme queréis, he de convocar ejércitos tan pujantes que las piedras de Navarra tiemblen al son de los parches.
Ortuño	No importa, quedad con Dios.
Albar Ramírez	Advertid, que a mis crueldades toda Pamplona ha de verse bañada en ceniza y sangre.
Conde	Albar Ramírez, amigo, vete, y el cielo te guarde.
Albar Ramírez	A ti te dé larga vida y te ayude en este trance.
Nuño	A mí me den los demonios un cordel con que ahorcarme.
Ortuño	Caminad.
Conde	Sancha, por ti sufro estas calamidades.
Albar Ramírez	Cielos, no me deis más vida que hasta llegar a librarle.

Fin de la primera jornada

Jornada segunda

(Salen por una parte don García y Ortuño, y por otra doña Sancha y Violante.)

Don García   ¿Llamaste a mi hermana?

Ortuño   Aquí
              la fui a avisar que saliera.

Doña Sancha   ¿Aquí no dijo que espera
              mi hermano?

Violante   Señora, sí.

Ortuño   Ya sale.

Don García   Templar confío
              su pena.

Doña Sancha   ¡Grave dolor!

Don García   La Infanta llega.

Violante (Aparte.)   (¡Ay amor!)

(Vase.)

Don García   ¿Bella infanta?

Doña Sancha   ¿Hermano mío?

Don García   Yo te he enviado a llamar.

Doña Sancha	Di.
Don García	Porque sepas...
Doña Sancha	¡Oh hado infiel!
Don García	Que quiere el cielo...
Doña Sancha	Es cruel.
Don García	Que llegue el día...
Doña Sancha	¡Ay de mí!
Don García	En que de un padre la muerte venguemos dos ofendidos.
Doña Sancha	Para esa voz tengo oídos. ¿De qué suerte?
Don García	Desta suerte.
Doña Sancha	¿Murió el traidor?
Don García	Aun no fuera para él castigo bastante.
Doña Sancha	Vete allá fuera, Violante.
Don García	Ortuño, vete allá fuera.

(Vanse Violante y Ortuño.)

| Doña Sancha | Pues la venganza mitigue... |

46

Don García	¿Qué?
Doña Sancha	El dolor.
Don García	Pues la que tomo podrás saber.
Doña Sancha	Dime cómo.
Don García	Si tú me escuchas.
Doña Sancha	Prosigue.
Don García	El conde Fernán González como tú sabes...
Doña Sancha	Detente, no me penetres el alma con que a mis oídos llegue el nombre del que ha vertido nuestra sangre tantas veces, la de mi padre por venas, la de mis ojos por fuentes; que al ir a usar del acero con que me vengue y te vengue, buscándole por donde obra, le empuñe por donde hiere.
Don García	Si te he dado por los filos el puñal, no es porque dejes La ofensa por el dolor; dóitele, para que cebes tu ira en tu propia sangre,

y porque cuando se vierte,
de derramada se irrite
y de noble se avergüence.

Doña Sancha   ¿Pues adónde podré hallar
al Conde, porque alimente
toda mi ira con su sangre?
Responde.

Don García   Cerca le tienes.

Doña Sancha   En la raya de Navarra,
segunda vez con sus huestes
volverá a irritar las tuyas,
tan cruel como valiente;
pues si yo el caballo ocupo,
si sobre él puesta saliese,
uno y otro arnés por uso
y no por temor, luciente
hasta en una mano, en otra
rienda fácil, el pie débil
al ijar, porque ejecute
lo que la mano gobierne;
Doña Sancha de Navarra
Sabrá que...

Don García   Aguarda, detente.
Sabe, que dentro en Pamplona
tengo al Conde preso.

Doña Sancha   Advierte,
que a no ser tú quien lo dice
no fuera yo quien lo cree.
¿Quién le prendió?

Don García	Mis soldados.
Doña Sancha	¿Pero cómo fue el prenderle los tuyos?
Don García	Es la venganza ingeniosa algunas veces.
Doña Sancha	No te entiendo, ¿no sabré...
Don García	Lo que ahora es conveniente es saber que viene preso y no saber cómo viene.
Doña Sancha	Pues muera el Conde.
Don García	No muera el Conde.
Doña Sancha	¿Cómo se atreve tu lengua a decir que viva quien dio a tu padre la muerte?
Don García	Yo he hallado...
Doña Sancha	Di, ¿qué?
Don García	Un camino en que esté durando siempre nuestra venganza.
Doña Sancha	¿Cuál es?

Don García	En esa torre eminente, que a subir a la segunda región del aire se atreve, que está enfrente de Palacio y de tu cuarto está enfrente, retirada estancia tengo tan secreta como fuerte, donde tenerle en prisión; el acero le ensangriente de los días, el cuchillo de los años le penetre el corazón, tan a espacio que al verle embotado siempre, aun más de lo que se aflija llore lo que no se hiere.
Doña Sancha	Bien dices, nuestra venganza dure, pues dura vehemente nuestro dolor; muera el Conde de una vez, y muchas veces, que oír quiero desde mi cuarto suspiros que el viento lleve, que es regalo al ofendido la queja del que le ofende.
Don García	La hambre le aflija, y no beba cuando la sed le moleste mas agua que la del llanto cuando con el labio encuentre.
Doña Sancha	¡Oh cómo verte cruel!
Don García	¡Oh cómo indignada verte!

Doña Sancha	Quier mi pasión...
Don García	Mi dolor.
Doña Sancha	Pero no dejes de tener tu odio cabal por saber que otro le tiene; si en Palacio está, ¿a qué aguardas?
Don García	Que a besar tus plantas llegue.
Doña Sancha	¿Y ha de entrar a hablarte?
Don García	Si.
Doña Sancha	¿Cómo le traen?
Don García	Desta suerte.
Doña Sancha	Pero espera.
Don García	¿Qué decías?

(Tocan.)

Doña Sancha	Ni hablarle quiero ni verle, a mi cuarto me retiro.
Don García	Di, ¿por qué?
Doña Sancha	No quiero que entre donde viéndole mis ojos al corazón se lo cuenten, y él de irritado se asome

en lágrimas a estas fuentes
del alma, y viéndole preso,
no quiero yo que sospeche
que ha brotado la piedad
lo que la venganza vierte.

(Vase.)

Don García   Bien dices.

(Sale Violante.)

Violante   Rey de Navarra,
para cuya heroica frente
la fama en tantas provincias
ya deshojando laureles,
hoy la piedad...

Don García   Mala senda
tomaste para que encuentren
tus voces con mis oídos:
llegue el Conde.

(Tocan.)

(Salen el Conde, Nuño, con Octavio, Ortuño y guardas.)

Conde   A tus pies tienes,
gran Rey de Navarra, a quien
tuvo a sus pies muchos reyes.

Don García   ¿Tú reyes? di ¿qué reyes has vencido?

Conde   Si por verme rendido

usas mal del poder contra mi suerte,
Fernán González soy.

Don García   Habla.

Conde   Y advierte,
que la fortuna que te da blasones,
nunca fue dueño de los corazones.

Don García   ¿Tú reyes, siendo tú un pobre vasallo?

Conde   Caballo de Almanzor era el caballo
que ferié al de León, y juntamente
le di un azor, y tan ligeramente
uno y otro en el curso se igualaba
que el caballo pensaron que volaba,
que pisaba el azor el monte o valle;
uno corre, otro vuela, y al miralle
ninguno discurría
cual era de los dos el que corría.

Don García   Almanzor, de quien tanto triunfo hiciste
con exceso de gente le venciste.

Conde   La envidia, y no la fama, te ha engañado
con ejército tanto bajó a un prado,
que al mirar el exceso de su gente,
campo era de batalla impropiamente
su campo, en las adargas tunecíes,
orleadas de claveles carmesíes;
campo, en ver almaizares y lahores,
parecerle del campo a las colores;
campo, en temblar por hojas sus pendones,
al remolinear sus escuadrones,

y cuando sus jinetes me embestían,
campo en que parecían
las rosas de las clines amapolas,
las lunas agua y las rocas olas.

Don García   Pues di que en campo igual, en igual suerte
a mi padre don Sancho diste muerte;
su ejército rompido y destrozado,
hallándole en la margen recostado
de una fuente sonora y cristalina,
que murmurando estaba su ruina
de mi padre don Sancho, otro Bellido.

Conde   La lisonja villana te ha mentido;
Castilla sabe, Rey, y tú el primero,
que batallé con él acero a acero.

Don García   Quien te vio darle muerte me ha contado
que a singular batalla provocado,
a seis que te ayudaban embestía.

Conde   ¿Cómo le dejó solo quien le vía?
Pero tú, si eres rey prudente y sabio,
¿Cómo a ti propio te haces ese agravio?

Don García   ¿Quién es tu rey, y quién tu heroica reina?

Conde   Ramiro de León, que por mi reina,
Teresa de Navarra, hermana tuya,
es mi reina.

Don García   Pues si esa cansa es suya,
mal tu lealtad de mi piedad se ofende,
pues no te prendo yo, que ella te prende.

Conde	¿Tú no me prendes? Si hoy desta manera...
Don García	Tu Reina me escribió que te prendiera; Doña Violante de Castilla ha sido la que para prenderte me ha traído las cartas.
Violante (Aparte.)	(¡Y que yo la causa fuese para que por mi causa le prendiese!)
Conde	¿Y no es doblez que a mí...?
Don García	Pueden los reyes, por castigar a quien rompió sus leyes aprisionarlos cautelosamente y a hombres como tú principalmente; sígueme, Ortuño, porque sepas donde quiero que quede aprisionado el Conde y en tanto que te fío mi cuidado no se quite de aquí ningún criado.
Ortuño	Tus órdenes espero.
Don García	Ven conmigo.
Conde	Esa es venganza.
Don García	Llámala castigo.
Conde	No eres mi rey.
Don García	Hoy que en mi reino te hallo, te pienso castigar como a vasallo.

(Vanse don García y Ortuño.)

Conde   Tú, hermosísima Violante.

Violante   ¡Ay de mí!

Conde   La causa has sido
de que el Rey me haya prendido.
¿Es esta la fe constante
con que escuché tu pasión,
que de mi verdad se obliga?

Nuño   Mandadera sois, amiga,
non tenedes culpa, non.

Conde   Mal a una acción tan honrada
tu obligación corresponde.

Violante   Bien saben los cielos, Conde,
que yo no he sido culpada
en que la infelice suerte
mate a los dos de una herida,
pues para librar tu vida
me arriesgara yo a la muerte;
pero ya que por mí fue
tan injusta tu prisión,
con mi queja y mi razón
a la infanta rogaré
que te haga dar libertad;
diré que a los dos ampare,
y si ella no me ayudare,
obligada a la lealtad
que le debe a mi afición,

a convocar tus soldados
a veces acostumbrados,
daré la vuelta a León,
y a irritar su acero airado,
si no es que por verte así
se han olvidado de ti
desde que eres desdichado;
justo es que fineza tanta
a tu libertad acuda.
Y si la Infanta me ayuda...

Conde   No te fíes de la Infanta
ni de su trato infiel,
si es en acción semejante,
que es como vana inconstante
y como hermosa cruel;
pues de su valor no aguarde
el socorro tu ternura,
que es la primer hermosura
que ha habido jamás cobarde,
que a la fineza ha faltado
que debió a una voluntad,
que es cruel, que yo que...

(Sale doña Sancha.)

Doña Sancha   Hablad,
proseguid, ¿qué os ha turbado?
¿Vos aquí, Violante?

Violante   Estaba
diciendo...

Conde   La dije que...

Doña Sancha	De la Infanta, ¿qué es lo que decís?
Conde	De vos me quejaba.
Doña Sancha	A esa prisión, ¿cómo vos no le lleváis ya?
Octavio	Primero la orden del Rey espero que traiga Ortuño.
Doña Sancha	A los dos, (¡Cuánto el verle me ha indignado!) A esotra pieza llevad.
Violante	¡Ay amor! Zape.
Conde	¡Oh crueldad!
Octavio	Venid, Conde.
Conde	¡Infeliz hado!
Doña Sancha	Pero esperad; ¿por qué aquí de mi rigor se ha quejado vuestro error? ¿vos no habéis dado la muerte a mi padre?
Conde	Sí, que le di muerte confieso.
Doña Sancha	Pues a vos, ¿qué os asegura?

Conde	De que por una hermosura,
	a quien adoro, estoy preso;
	y a la verdad contradice
	con que la adoro rendido.
Violante (Aparte.)	(Como yo la causa he sido,
	por mí sin duda lo dice.)
Conde	Por ella he venido aquí.
Doña Sancha	¿Y quién fue de vuestro error
	la causa?
Conde	Mi fe y mi amor.
Violante (Aparte.)	(Sí, el Conde vino por mí.)
Doña Sancha	La causa saber quisiera
	que os hiela, os turba y os para.
Conde	Señora, yo me explicara
	A no haber quien nos oyera.
Doña Sancha	Quedemos solos los dos.
Conde	Mi queja alivie mi mal.
Doña Sancha	Hacedme el cargo cabal.
	¿Octavio?
Octavio	Señora.
Doña Sancha	Vos

esperad fuera; Violante,
¿A qué aguardáis?

(Vase Octavio.)

Nuño   ¿Y yo no?

Violante   Bella doña Sancha, yo
                 no importa que esté delante,
                 pues yo decirle pudiera
                 su amor, su fineza y fe.

Conde   Si no se va, callaré.

Doña Sancha   Si importa, vete allá fuera.

Violante   Ya yo te obedezco.

Conde   Así
                 podré hablar.

Violante   Irme es forzoso.

(Vase.)

Conde   Ea, amor, sed valeroso;
                 Señora, escuchadme.

Doña Sancha   Di.

Conde   Bella Infanta de Navarra,
                 doña Sancha, a quien imitan
                 el Sol, si atiende a tus ojos,
                 la aurora, si ve tu risa,

ya sabrás que habrá dos años
que vine desde Castilla
a Navarra a tratar paces
con tu padre; ya sabrías
que no las quiso ajustar,
que cuando una monarquía
se ve más feliz en armas,
finge que la paz estima,
y con tales circunstancias
la propone, que al oírlas,
con lo que piensa que templa
es con lo mismo que irrita;
pedí licencia a tu padre
para irme, y concedida,
¡Que no haya yo visto (dije),
ni que el Rey me lo permita,
a la infanta doña Sancha!
Allá dicen, en Castilla,
que aun es mayor su hermosura
de lo que la fama pinta;
si queréis verla (me dijo
un jardinero que habita
esos jardines), podéis
recatado en las floridas
ramas, ver a doña Sancha
que a cultivar cada día
sale a esas flores, que solo
producen cuando las pisa;
diome una llave una tarde,
del jardín, y tuve dicha
que entrar ninguno me viese;
de un verde rosal se fía
mi recato, y de una cuadra
te vi que al jardín salías

(Si en verte puede alcanzar
jurisdicciones la vista);
saliste al jardín, dejando
todas las flores marchitas
recogióse de vergüenza
la rosa; aquí se podía,
viéndola mustia, decir
que se quedaba en la espina;
las azucenas entonces
a tus manos se venían
por si convertirlas pueden
en ondas de nieve riza;
y en verdad que casi casi
las vi igual, cuando las vía,
pues se pusieron más blancas
de miedo de competirlas;
por el jardín se hizo salva
hermosísima zuiza
de flores, que dispararon
al son de la artillería
de las fuentes su fragancia
con pólvora cristalina;
el miliciano jazmín
dispuso su puntería
en tu frente, y el clavel
asestaba a tus mejillas;
la mosquetera amapola
puso en tus labios la mira,
y de emboscada la rosa
te acometió pica a pica;
las maravillas en tropas
hicieron toda la riza
en tus ojos, porque al verte
todas eran maravillas;

de mí solo no te cuento
lo que el corazón sentía,
que harto pienso que te ha dicho
quien te ha dicho que te vía;
libre el pecho me dejaste,
no el alma, que fue la herida
de la condición del rayo,
todo el acero en ceniza
convierte y deja la vaina
como el mismo acero, limpia;
volvíme a León, Señora,
mandóme el Rey que prosiga
la guerra, muere tu padre
(Aquí, aquí te necesita
mi voz atenta y piadosa);
tu hermana, iay, amor! me envía
a Pamplona, porque dice
que casarme solicita
contigo, y que ya tu hermano
para estas bodas me envía
a llamar; creo a la Reina,
bien que en balde se confía
de la fortuita quien cree
sus mentiras y sus dichas;
préndeme el Rey en llegando,
inadvertidos me quitan
tu retrato sus soldados,
y si a prenderme venían,
lo erraron, pues me quitaron
la prisión que yo traía;
y ahora hago a tu belleza
todo el cargo; ¿tú que hablas
de amparar a quien te adora
eres la que le castigas?

Que no premiases mi amor,
ni esta esperanza enemiga
que imaginando que vuela
no vuela, sino imagina,
vaya; pero que tú seas
la que me quites la vida
con tus ojos, ¿y que pienses
que te hace falta la ira?
Éste sí es cargo; aquí sí
que todo el derecho estriba
de mi amor; sabe, Señora
(Perdona esta vez, que mía
te he de llamar, que la lengua,
si es fuerza que al alma asista,
ha de decir lo que el alma
le enviare a decir que diga),
que eres mi castigo y eres
mi perdón, que mi ruina
eres y eres mi edificio,
mi ahogada y mi enemiga,
mi vida, pero mi muerte,
descanso, pero fatiga,
osadía, pero miedo,
mi ceguedad, pero vista,
serenidad, mas borrasca,
amante, aunque me persigas;
libre o preso, aunque me olvides,
he de arriesgar esta vida
a tus ojos, y he de darte
un alma de quien te sirvas;
y aunque se conjure el hado
contra mí, y aunque lo impida
mi estrella, que en adorarte
solo no parece mía,

yo haré que este amor constante
que en fe tuya se eterniza,
cuando a tus rigores muera
que para los siglos viva.

Doña Sancha   En fin, ¿que solo por mí
ha sido vuestra venida
a Navarra?

Conde   Sí, Señora,
esta carta te lo diga
de la Reina.

Doña Sancha   ¿Y por mi causa
estáis preso?

Conde (Aparte.)   (Amor. Albricias.)

Doña Sancha   ¿De manera, que conmigo
se hizo la traición?

Nuño   La misma.

Doña Sancha   ¿Y yo soy la causa?

Conde   Tú,
de que esté muriendo y viva.

Doña Sancha   ¿De que estéis preso?

Nuño   Y yo y todo.

Doña Sancha   Pues hoy veréis...

Conde	¿Qué imaginas?
Doña Sancha	Que indignada...
Conde	Tus piedades solicito.
Doña Sancha	Y vengativa, he de hacer que el mundo sepa quién soy.
Nuño (Aparte.)	(Ahora nos libra.)
Doña Sancha	¿Ortuño?
Nuño	¿Ortuño?

(Sale Ortuño.)

Ortuño	¿Señora? A los dos...
Doña Sancha	¿Qué determinas?
Doña Sancha	Puedes llevar.
Nuño	Ya nos vamos.
Doña Sancha	Por este cuarto...
Conde	¡Gran dicha!
Doña Sancha	A la prisión donde el Rey os dejó mandado.

Nuño	¡Chispas!
Doña Sancha	Pues viven los cielos...
Ortuño	Vamos, Nuño.
Doña Sancha	Que hoy la voz mía...
Nuño	¡Oh Infanta!
Ortuño	Ya llevó el orden.
Nuño	Mal tercio de infantería te entre a saco.
Conde	Amor, paciencia, que sin méritos no hay dicha.

(Vanse Nuño, Ortuño y el Conde.)

Doña Sancha   Pues hoy ha de ver Navarra
cuánto doña Sancha estima
su pundonor, oiga el mundo
y mi hermano don García
oiga de mí...

(Sale don García.)

Don García	¿Doña Sancha?
Doña Sancha	A buen tiempo.

Don García   ¿Qué hacías?

Doña Sancha (Llora) Ha llegado vuestra alteza;
                         (Pesia el llanto.)

Don García   Hermana mía,
              ¿Tú lágrimas y tú quejas?
              Que escuchadas y vertidas
              no las creo, como nunca
              tu vanidad las destila;
              hoy que tengo preso al Conde,
              tu ofensor...

Doña Sancha   ¡Suerte enemiga!

Don García   ¿Tú en tristezas?

Doña Sancha   Si un agravio
              le haces al alma, ¿querías
              que el corazón le agradezca
              lo que al corazón irrita?

Don García   ¿Yo agravio?

Doña Sancha   En prender al Conde.

Don García   Dime cómo.

Doña Sancha   ¿No venía
              a desposarse conmigo?

Don García   A eso tu hermana le envía
              desde León, y en la raya
              le prendí.

Doña Sancha	¿Y es bien que diga el mundo que es tu venganza cautelosa y no atrevida? A mis ojos (¡oh, cegaran primero a rendir envidias!) Al Conde y a la cautela de mi belleza le fías? ¿No había campaña...?
Don García	Parece...
Doña Sancha	¿Dónde el acero podía tomar venganza?
Don García	Que estás...
Doña Sancha	¿Qué dices?
Don García	Agradecida, y aun iba a decir...
Doña Sancha	Detente, que si en mi voz imaginas que hay traición, como en tu trato; si amor piensas que me obliga a esta queja, vive yo; mas juro, vive mi ira, que será inmortal, que a haber dado mis ojos noticia al corazón que hay en él Señas de que en él cabía, los cegara con mi llanto; y si este huésped que habita

el oído, este Hugaso
se alimentara algún día
de los ecos con que suele
regarle la cartería,
Le ahogara en dos desengaños
que tanta experiencia cría,
para que del escarmiento
probara el amargo acíbar;
aquí solamente habla...

Don García   ¿Quién?

Doña Sancha   Mi vanidad, que es hija
de mis altos pensamientos;
diferente monarquía
es la de mi vanidad
que la de amor, que esta cisma
la introduce en este reino
el oído y no la vista,
y en un Rey...

Don García   Tu hermana fue
la que te prendió.

Doña Sancha   Imagina
que a ti te han de hacer el cargo.

Don García   ¿Pues qué importará que digan
que tengo preso a quien dio
muerte a mi padre?

Doña Sancha   Podrían
murmurar que hizo tu industria
lo que tu valor no haría.

Don García	Yo soy rey, él un vasallo de otro rey, y aunque podía usar del valor, hoy uso del poder.
Doña Sancha	Bien te acreditas; para engañarle conmigo le has hecho tu igual, ¿y miras que no es tu igual si a campaña le sacas y desafías?
Don García	Yo, si en campaña le diese la muerte, mormurarían que fue en mi reino.
Doña Sancha	¿Qué importa? Haz tú lo que hacer debías: como obre bien tu valor, cuéntelo mal la malicia.
Don García	Yo no intento aventurar un castigo.
Doña Sancha	Poco estimas tu fama.
Don García	Yo hallé en mi reino mi ofensor.
Doña Sancha	Y yo en tu misma venganza encuentro mi ofensa.
Don García	Pues si piensas...

Doña Sancha   Si imaginas...

Don García   Que he de libertar al Conde...

Doña Sancha   Costear conmigo tu ira...

(Salen Ortuño y Violante.)

Ortuño   Ya el Conde...

Violante   Ya en la prisión...

Don García   ¿A qué vienes?

Doña Sancha   ¿Qué decías?

Ortuño   Que ya el Conde queda preso,
como mandaste.

Violante (Aparte, a doña Sancha.)
                      (Que pidas
al Rey que mi amor ampare
con dar al Conde la vida.)

Don García   Muera el Conde en la prisión,
que esto importa.

Doña Sancha (Aparte a Violante.)
                      (Si se fía
tu amor de mí, yo te ofrezco
su libertad.)

Ortuño   Si es precisa

su muerte, de mi lealtad
bien tu enojo se confía.

Don García (Aparte.) (Con la Infanta disimulo.)

Doña Sancha
(Aparte.)   (Finjamos, industria mía.)

Don García   Doña Sancha, aunque mi enojo...

Doña Sancha   Rey y Señor, aunque mi ira...

Don García   De parte está del castigo.

Doña Sancha   Un desagravio pedía...

Don García   Tu pundonor es primero
que mi dolor.

Doña Sancha   Mas justicia
tiene tu pasión.

Don García   Yo ofrezco
hacer lo que tú me pidas.

Doña Sancha   Y yo no pedirte más
de cuanto el dolor permita.

Don García   Ven, Ortuño.

Doña Sancha   Ven, Violante.

Ortuño   En fin, Señor, ¿determinas
que hoy muera?

Don García   Hoy será su muerte.

Violante   En fin, ¿darle solicitas
                      libertad?

Doña Sancha (Aparte a Violante.)
                              (Libre has de verle.)

Violante (Aparte.) (Para primera, gran dicha.)

Don García (Aparte.) (Para dolor grave, el mío.)

Ortuño (Aparte.)   (Lealtad, no tan compasiva.)

Violante (Aparte.) (No tan cobarde, esperanza.)

Doña Sancha
(Aparte.)   (Estrella, no tan impía.)

Ortuño (Aparte.)   (Lealtad...)

Doña Sancha
(Aparte.)   (Ira...)

Violante (Aparte.)   (Amor...)

Don García (Aparte.)   (Venganza
                    ¡Muera el Conde!)

Doña Sancha
(Aparte.)   (¡El Conde viva!)

(Vanse.)

74

(Tocan, y salen el Rey, la Reina, Albar Ramírez, García Fernández y soldados.)

Rey   ¿Teresa?

Reina   ¿Rey Ramiro?

Rey   Esposa mía,
                    luz de la luz, conque amanece el día,
                    ¿Dónde vas desta suerte?

Reina   Hablar no puedo,

Rey   Indicio del temor, seña del miedo.

Reina   ¿Dónde vas arrojado
               con tu ira, tu rostro equivocado?

Rey   ¿No escuchas este fúnebre instrumento,
               que inquieta el aire con su ronco acento

Reina   ¿No ves aquellos negros enlutados,
               entrarse disfrazados
               por el palacio tuyo, solo a hablarte
               de las iras, discípulos de Marte,
               negras las bandas, negros los paveses?

Rey   ¿Si castellanos son?

Reina   ¿Si son leoneses?

Rey   ¿Qué novedad...?

Reina	¿Qué intento nuevo ha sido...
Rey	El que os ha conducido a entraros desta suerte,
Reina	A ir ensayando mi futura muerte?
Rey	Responded, vuestro Rey os está hablando
Reina	Yo vuestra Reina soy, no habléis callando.
Rey	Y el que en las voluntades vuestras reina.
Albar Ramírez	No eres mi Rey.
García Fernández	Ni tú eres nuestra Reina.
Rey	¿Quién, pues, a mi obediencia contradice?
Albar Ramírez	Albar Ramírez es el que lo dice.
Reina	¿Quién a negarme el vasallaje llega?
García Fernández	García Fernández es el que le niega.
Rey	¿Tú en León, Albar Ramírez?
Albar Ramírez	Rey Ramiro, yo en León.
Reina	¿Tú te sales de mi corte, Don García?
García Fernández	También yo.

Rey   ¿Dejaste al conde en Navarra?

Albar Ramírez   Mi lealtad, si le dejó,
                       fue para poder volver
                       a vengar una traición.

Reina   ¿Es muerto el Conde? Parece
                       que ese fúnebre rumor
                       que iguala con las sordinas
                       el destemplado atambor,
                       indicios da de su muerte.

Albar Ramírez   Este llanto que vistió
                       nuestro semblante, que es tela
                       que usa siempre el corazón,
                       es por la prisión injusta
                       del Conde.

Reina (Aparte.)   (Ya se logró
                       mi venganza.)

García Fernández   Aqueste luto
                       que a los ojos lisonjeó,
                       viene a ser de la venganza
                       más seña que del dolor.
                       Preso está el Conde, mi tío,
                       Fernán González.

Rey   Los dos
                       me habéis dicho que está preso,
                       sin decir quién le prendió.
                       ¿Pasando acaso a Navarra
                       los soldados de Almanzor
                       que corren estas campanas

le prendieron?

Albar Ramírez   Señor, no;
prendióle el Rey de Navarra.

Rey   Pues el Rey, ¿cómo faltó
a la palabra?

Albar Ramírez   Y aún eso...

Rey   ¿Qué decís?

Albar Ramírez   No es lo peor,
sino que en Pamplona dicen
que le hicisteis prender vos.

Rey   ¿Yo al Conde, a quien debe tanto
mi reino?

Reina   Tened, que yo
soy quien prender hizo al Conde.

Rey   Decid, ¿por qué?

Reina   Porque dio
muerte a mi padre.

García Fernández   ¿Y es bien
que pueda decir León
que con la traición se venga
lo que se hizo sin traición?

Rey   ¿Yo había de prender al Conde
porque cuerpo a cuerpo dio

mi muerte a mi enemigo? ¿Es justo
que a quien reinos conquistó
y a quien me puso en la mano
el cetro te prenda yo?

Albar Ramírez   Si vuestra alteza no quiere
dar a Castilla el blasón
de ir a esta justa venganza
por general nuestro...

Rey   No
he de romper yo una paz
por vengar este baldón.

Albar Ramírez   Nuevo general tenemos.

Reina   Faltando el Conde, es error
pensar que habrá otro adalid.

Albar Ramírez   Él mismo, sí, vive Dios,
se ha de ir a vengar a sí;
el retrato que él dejó
suyo, por guarda y defensa
de vuestra ciudad de León,
a quien la diestra porfía
del buril perficionó,
saldrá a la lid con nosotros;
que aunque inanimado hoy,
vencerá, si, por ser suyo,
el enemigo escuadrón.

Rey   Pues yo tornaré las armas,
porque árbitro entre los dos,
le he de animar justamente

con mi acero y su bastón.

Reina   Yo irritaré al de Navarra.

Albar Ramírez   Y porque no haya infanzón
                      ni ricohombre de Castilla
                      que falte a la obligación
                      de su sangre, jurad todos
                      sobre la cruz del pendón,
                      en nuestro lenguaje antiguo,
                      ceremonia que dejó
                      puesta en uso el gran Pelayo
                      nuestro gran antecesor,
                      estas palabras: «Ramiro,
                      Rey de Asturias e León».

García Fernández   Los castellanos fidalgos,
                      no sandios, villanos non,
                      y de Castiella además
                      los ricoshomes de pro,
                      fablamos de aquesta guisa.

Albar Ramírez   ¿Juráis seguir el trotón
                      e la segura e retrato
                      en pos de nuestro campeón
                      el conde Fernán González?

Todos   Todos iremos en pos.

García Fernández   ¿Facéis somo aquesta cruz
                      pleitesía al señor Dios,
                      de non volver a Castiella
                      sin vuestro Conde e Señor?

Todos	Otro que tal, lo juramos.
Albar Ramírez	E ahora por el honor del Reye, vos, la Teresa, ¿Jurades que non con vos vueso velado hizo el tuerto, la falsía e la traición?
Reina	Yo lo juro.
García Fernández	¿El señor Reye, non facíes jura, que non contra nusco tomaredes armes?
Rey	Homildoso estoy cabe la cruz, cabalando vuesa amistanza y mi amor, con yusco también lo juro.
Albar Ramírez	Pues por el cielo y el Sol...
García Fernández	Por las estrellas, la tierra...
Rey	Por esa conforme unión de elementos...
Reina	Y por ese segundo hermoso farol...
Albar Ramírez	De non volver sin el Conde.
García Fernández	Sin vengar su sangre yo, de non volver de Navarra.

Rey	De ser el que entre los dos vaya a mitigar la guerra.
Reina	De ser quien le irrite yo.
Albar Ramírez	Pues veo...
García Fernández	Pues oigo...
Rey	Que todos los que castellanos son...
Todos	Juramento lleváis fecho somo la cruz del pendón, de non volver a Castiella sin el Conde, su Señor.

(Vanse.)

(Salen el Conde, Nuño y Octavio.)

Conde	¿No quieres dejarme, Nuño?
Nuño	Señor, tú te quieres mal, ¿Sobre preso enamorado? ¿Los condes de cuando acá se enamoran de esa suerte?
Octavio	¿No son hombres?
Nuño	Si serán; señora guarda de vista, ¿Quiérenos usted dejar?

Conde	Dame en que me siente.
Nuño	Toma. Mire, señor guarda.
Octavio	Hablad.
Nuño	Mire, Conde enamorado a todo ruedo, no le hay en el mundo, sino mi amo; buen siglo hayan, que si habrán los dos condes de Carrión, que a Elvira, la hermosa, atrás, con cien azotes le hicieron un lindo particular.
Conde	¡Ay hermosa doña Sancha!
Nuño	¿Señor guarda?
Octavio	¿Qué mandáis?
Nuño	¿Quiere dejarnos un rato?
Octavio	Soy mandado.
Nuño	¿Y qué le dan por guarda de vista?
Octavio	Danme doce reales.
Nuño	Uno más

le dará el Conde, mi amo,
si a esotra pieza se va,
y si a otra, le dará dos,
y si a otra, tres le dará;
y, en fin, le iremos pagando
por piezas.

Octavio   Nuño, pensad
que este es mi oficio.

Nuño   Señores,
aun a este hombre ya le dan
doce reales por ser guarda;
mas cuando veo levantar
a las seis de la mañana
a un juez, no más de a ahorcar
a un hombre, por lo que a él
ni le viene ni le va;
y cuando veo de noche
rondando por el lugar
con todos a media pierna,
a otro juez a preguntar:
«¿Quién va a la Justicia? —Un hombre.
—¿Qué oficio? —Soy ganapán.
—¿Adónde carga? —En el vino.
—¿Dónde viene? —De cargar.
—A recoger noramala.»
Señores, ¿para mandar
que un ganapán no se moje
se va un juez a remojar?
Pero si es el bien común,
vaya; mas lo que me ha
de hacer perder el juicio
es, que suba un sacristán

a un púlpito por seis cuartos,
y aun estos no se los dan,
a excomulgar un linaje,
y empieza luego a ensartar
la maldición de Sodoma,
Gomorra, Avirón y Atán
caiga sobre ellos; no hallen,
si fueren a pedir pan,
quien se lo dé; vean sus hijos
y hijas sembradas de sal.
Perro, ¿por seis cuartos solos
te subes a excomulgar
a un ladrón, que porque calles
te dará dos cuartos más?

Octavio   ¡Qué bien has dicho!

Nuño   ¡Hay tal hombre!

Conde   Cierto que he preciado más
en esta prisión tenerte
que si tú fueras mi igual
con ser un hombre tan bajo.

Nuño   Muy buena honra me das.
n predicador de plazas
decía a todo vocear:
«Hijos míos, no soy vano,
más estimo predicar
a docientos picaritos
que oyéndome ahora estáis
que a príncipes y señores».
Y a esto dijo un azacán:
«Ni nosotros merecemos

85

que vuestra paternidad,
predique un sermón tan largo,
pudiendo ser la mitad».
Y todos los picaritos
se fueron pían, pían.
¡Quién pudiera hacer lo mismo,
porque así me honres!

Conde   ¿Qué hará
la Infanta, Nuño, a estas horas?

Nuño   Si hoy has de morir, rezar
porque te lleve el demonio.

Octavio   Mientes.

Nuño   ¿Quiéresme dejar?

Octavio   Estará en este jardín
arrepentida quizá
de tu prisión, ensayando
en las flores que en él hay,
si las da libertad, cómo
ha de darte libertad.

Conde   Mucho me has lisonjeado;
tú, Nuño, le puedes dar
la cadena que te di
que me guardases.

Nuño   Andar.

Octavio   ¡Gran tesoro he descubierto!

Nuño	¿Dices la cadena? ¿Ya no se la diste a otra guarda?
Conde	No me acordaba, es verdad.
Nuño (Aparte.)	(Éste es gran señor, que no se acuerda de lo que da.)
Octavio	¡Ay, mi tesoro en el pozo!
Nuño	Como el gozo. ¿Fallará cadena que darle puedas? ¿No hay otra cadena?
Conde	¿Cuál?
Nuño	Esa que traes a los pies se puede ahora llevar, que vale un tesoro.
Octavio	Lindo.
Nuño	Mira más, ya que no hay cadena, a esto del tesoro tengo un cuento que le dar
Octavio	¿Es largo?
Nuño	Sí, pero es puerco; pero en el Palacio real lo puerco es lo colorado y lo amarillo no tal. Un sacristán de Jadraque tenía en solo un altar

doce apóstoles pintados,
y púsole a cada cual
una candelita un día
que los quiso cortejar;
pues a san Bartolomé,
que tenía a Satanás
a los pies, puso también
otra candelita más.

Octavio   ¿Al diablo candela?

Nuño   Sí;
y en esto no hizo mal;
a uno porque le haga bien,
y a otro porque no haga mal;
mas no es este el caso.

Octavio   Siga.
Fuese a la noche a acostar
el sacristán a su cama:
durmióse, empezó a roncar,
y soñó que le decía
el diablo: «Porque me has
puesto candela, un tesoro
te he de descubrir que está
en un arenal; conmigo
ven a hallarle al arenal».
Soñó que allá llevaba,
y le dijo: «Aquí hallarás
el tesoro, cava aquí.
—No tengo con qué cavar».
El sacristán respondió:
«Pues pon alguna señal
para que mañana vuelvas.

—En todo el campo no habrá
una piedra, replicó.
—Pon una rama. —No la hay».
Dijo el sacristán. Y el diablo,
como no hallaba señal,
dijo: «Desatácate
y haz ahí tu necesidad».
El sacristán, con la gana
de hallarle, sin más ni más,
por no perder el tesoro,
empujó con gana, y zas.
Despertó por la mañana;
pero encontró al despertar
sembrado por los colchones
todo el tesoro cabal.

Octavio   Parece al de la cadena.

Conde   Quedo.

Nuño   ¿Qué dices?

Conde   Que han
abierto ya aquel postigo
que hacia el cuarto principal
de la Infanta, según dicen
las guardas, pienso que va...
¿Quién será?

Nuño   Será el verdugo.

Octavio   ¿Quién anda en la puerta?

Nuño   ¡Hay tal

guarda!

Conde	Sin duda es Ortuño.
Octavio	No es Ortuño.
Nuño	El Rey será.
Octavio	¿Quién anda en la puerta?

(Salen doña Sancha y Violante.)

Doña Sancha   Yo.

Nuño   Abrióse de par en par
todo el cielo.

Conde   Ojos, albricias,
que he visto el arco de paz.

Octavio   ¿Vuestra alteza en la prisión?

Doña Sancha   Bien podéis solo dejar
al Conde, que así lo manda
el Rey.

Octavio   Si vos lo mandáis,
vuestro precepto obedezco.

Nuño   Voy contigo.

Doña Sancha   Y no digáis
que yo quedo en la prisión
a ninguno.

Octavio   Así será.

(Vanse.)

Doña Sancha   Tú, Violante, ten cuidado
                 no entre el Rey.

Violante   Iré a mirar
                 a tu cuarto si el Rey sale,
                 aunque ya sabes que está
                 recogido.

Doña Sancha   Vete presto.

Violante   Pues vuestra alteza podrá,
                 si por mí hace la fineza
                 de darle la libertad
                 y la vida...

Doña Sancha   ¿Qué?

Violante   Que él sepa
                 cómo por mí se la das.

(Vase.)

Doña Sancha   Harélo así. (Mal conoces
                 intento.)

Conde   Penas, dejad
                 que a toda el alma la avise
                 de lo que en mis ojos hay.

Doña Sancha	¿Conde?
Conde	¿Señora? ¿Pues vos por qué venís a doblar la prisión, dejándoos ver?
Doña Sancha	Antes os vengo a librar de la prisión.
Conde	¿Qué decís? Felice se llamará quien goce de vuestro amor.
Doña Sancha	Tened, no le agradezcáis a mi amor lo que por vos ha de hacer mi vanidad. Conde, vos me hicisteis cargo de que por mi causa estáis preso en Pamplona.
Conde	Es así.
Doña Sancha	Pues porque nunca digáis que ya que en esta hermosura no hubo amor, que no hay piedad, hidalga, aunque desdeñosa. Con vos se ha atrevido a usar de una hidalguía.
Conde	Señora... ¿Cómo hidalga no será una hermosura de quien desciende la luz solar?

Doña Sancha	Y es que esté libre por mí
	el que preso por mí está.
	Esta puerta de mi cuarto
	está abierta, y no podrán
	las guardas veros salir
	cuando por ella salgáis.
	El Rey está recogido,
	a ese jardín os bajad
	con silencio, donde en él
	tenéis quien os quitará
	las prisiones, y también
	mis criados os irán
	convoyando hasta la raya
	de Navarra; mas pensad
	que envío tras vos mi ira.
	Y que en dándoos libertad
	vuestra enemiga he de ser,
	que ahora no pretendo más
	de que si os prendió mi amor
	que os libre mi vanidad.

Conde	La hidalguía os agradezco,
	señora; pero pensad
	que yo no me puedo ir.

| Doña Sancha | ¿Por qué? |

Conde	¿Por qué? ¿Qué dirá
	Castilla si ve que yo
	amante, fino y leal
	vine por vos, que de vos
	vaya huyendo? Y glosarán,
	que ha sido mi amor cobarde.
	Pues de vos huye; y aun más

podrán decir, que os dejé
en el riesgo, sin mirar
que por darme a mí la vida
la vuestra peligrará.
Y aun más dirán, que vos fuisteis
la amante, pues me libráis,
y yo el desagradecido.
Pues huyendo os pago mal
pues si he de ser, por lo menos,
falso amante, si no hay
quien no diga, aunque más sea,
que me quiera disculpar,
que doy señal de cobarde
y de ingrato doy señal;
aunque os debo agradecer
la hidalguía, perdonad,
que con vos tengo de ir
o con vos he de quedar.

Doña Sancha   En lo que toca a mi riesgo,
¿Qué me puede a mí costar
daros libertad a vos?
Por vuestra vida, mirad
que el Rey quitárosla quiere;
y habiendo cumplido ya
mi obligación, no podéis
quejaros; y mal podrá
cumplir la razón mañana,
la que hoy la ocasión os da.

Conde   Diz que estaba un arroyuelo
amando a la aurora fría,
y la aurora le tenía
preso en la cárcel del hielo

darle intentaba consuelo
desatándola de sí,
y el arroyo dijo así:

«Aurora, déjame helado,
pues mientras estoy parado
estoy gozando de ti.
La libertad no me des
Aunque me hayas de matar,
dijo, puesto que en el mar
tengo de morir después».

Lo mismo, Señora, es
lo que acontece a mi suerte
si está mi vida o mi muerte
en quedarme o en dejarte,
Muera de solo mirarte
quien morirá de no verte.

Doña Sancha   Y la aurora dijo así:
«Vete, arroyo, que dirás,
si no te libro, que estás
aprisionado por mí;
en llegando al mar, de allí
otra vez podrás volver,
que ahora no he de agradecer
esa forzada pasión,
y así te doy ocasión
de volver a merecer».

Conde   Si eso está en que me he de ir,
no he de irme.

Doña Sancha   Si eso está

en que agradezca que vos
os quedéis, no lo creáis.

Conde   ¿Es más esto de que vos
me aborrecéis?

Doña Sancha   No, no es más.

Conde   Pues a mí para no irme
bastante es saber amar.

Doña Sancha   Pues yo haré que os vais por fuerza.

Conde   ¿De qué suerte?

Doña Sancha   Así será.
¿Violante?

(Sale Violante.)

Violante   ¿Qué es lo que mandas?

Doña Sancha   A Fabio y Alberto haz,
pues para llevar al Conde
prevenidos quedan ya,
que entren por fuerza y le lleven.

Conde   También otro medio hay
para quedarme por fuerza.

Doña Sancha   ¿Cuál es?

Conde   Ahora lo verás
guardas, que la Infanta hermosa

	me quiere dar libertad avisad al Rey.
Doña Sancha	Espera.
Conde	Mas con condición será que a Alberto ni a Fabio llames.
Violante	Conde, ¿por qué no te vas?
Conde	Porque tengo aquí mi vida.
Violante	La que adorándote está sabrá buscar ocasiones de buscarte.
Conde (Aparte.)	(¡Aquesto más, cielos!)
Doña Sancha	¿Conde?
Conde	¿Qué decís?
Doña Sancha	En fin, ¿os determináis a quedaros?
Conde	En quedarme mi muerte y mi vida está.
Doña Sancha	Pues nunca os quejéis de mí.
Conde	Nunca el llanto excusará la queja.

Violante	No te han sentido las guardas, a tiempo estás.
Conde	Hará mucho ruido el alma al irse.
Doña Sancha	Iras, pues ya no podéis de mi dolor ni de mi venganza usar...
Violante	Amor, si por no dejarme, de la prisión no se va el Conde...
Conde	Pues que la Infanta se irrita de mi verdad...
Doña Sancha	Iras, no os volváis amor.
Violante	Amor mío, no os volváis desdichas.
Conde	No os volváis ira, constancia mía.
Violante	A llorar, quejas.
Conde	Penas, a sentir.
Doña Sancha	Ojos, a disimular.
Violante	¡Gran fineza!

Doña Sancha	¡Grande amor!
Conde	¡Cielos, no tanta crueldad!

Fin de la segunda jornada

Jornada tercera

(Salen don García y Violante.)

Don García   ¿Qué hace mi hermana?

Violante   Señor,
las graves melancolías
que ha padecido estos días,
hoy con el primer albor
la han traído a estos jardines,
donde nacen más hermosas
con dos auroras las rosas,
con dos soles los jazmines;
si bien tristes sus rigores
dan en callados alientos
más suspiros a los vientos
que matices a las flores.

Don García   Mucho me pesa de que
tanto su rara belleza
se avasalle a una tristeza;
pero supuesto que sé
la causa de que ha nacido,
procuraré remedialla,
que aunque ella padece y calla
no soy tan inadvertido
que no lo colija yo
de sus afectos; y así,
trataré aliviarla. Di,
¿qué verde estancia ocultó
el luciente Sol divino
de su hermosura?

Violante   No sé
hacia cuál mirador fue;
mas que es fácil imagino
seguirla, porque con ella
va Flora; y la dulce voz
con que suspende veloz
los vientos, vocal estrella
será con dulce armonía
de su luz.

Don García   No es la primera
vez, que dé la lisonjera
música, nuevas de el día.
Retírate, porque quiero,
puesto que de su pasión
digo que sé la ocasión,
hablarla en ella, y espero,
si no vencerla, aliviarla.

Violante   ¡Ay de mí! ¿Qué es lo que he oído?
El Rey dice que ha sabido
por más que padece y calla
la ocasión de su tristeza;
duélase el cielo de mí
¡Con cuantos temores lucho!

(Vase.)

Don García   ¿Por dónde? Pero ya escucho
la música desde aquí.

(Salen doña Sancha y Flora.)

Flora (Canta.)   «No ha de ser en el rigor

de aquesta prisión oscura,
bello prodigio de amor,
más hidalga tu hermosura
que constante tu valor.»

Doña Sancha   ¿Cuya es esa letra, Flora?

Flora   Quien la compuso no sé;
               a una guarda la escuché
               del Conde; y viendo, Señora,
               que era tan ocasionada
               para la música, yo
               la puse en tono.

Doña Sancha   Pues no
               sea de ti pronunciada
               otra vez; pero mal digo:
               vuélvela, Flora, a cantar,
               que mejor es apurar
               cuanto puedo yo conmigo.

(Canta Flora y doña Sancha lo repite.)

Flora   «No ha de ser en el rigor»

Doña Sancha   No ha de ser en el rigor

Flora   «De aquesta prisión oscura»,

Doña Sancha   De aquesta prisión oscura,

Flora   «Bello prodigio de amor»,

Doña Sancha   Bello prodigio de amor,

Flora	«Más hidalga tu hermosura»
Doña Sancha	Más hidalga tu hermosura
Flora	«Que constante tu valor».
Doña Sancha	Que constante tu valor. Si ha de ser, pues yo... Mas ¿quién estaba aquí?
Don García	Quien oyendo tan dulcemente acordados letra, tono e instrumento, interrumpirlos no quiso; por si acaso su silencio ser pudiere parte a que diviertas tus sentimientos.
Doña Sancha (Aparte.)	Señor, ¿vuestra majestad tanto a mis penas atento? (¡Ay de mí, si hizo reparo en el que yo hice a los versos.)
Don García	¿Cuándo no lo estuve yo a tu gusto?
Doña Sancha	¿Y es lo mesmo?
Don García	Sí, que una razón milita en el contrario argumento; pues sentirá tus tristezas quien estima tus contentos.

Doña Sancha	Guarde a vuestra majestad felices años el cielo, que ya sé que en gusto y pena siempre es su amor uno mesmo.
Don García	Él sabe cuanto estimara poder, Sancha hermosa, a precio de mi alma, de mi vida, de mi honor y de mi reino, aliviar de tus tristezas la causa; pero no puedo ayudar más que a sentirlas, mayormente cuando veo que ellas son tales, que tienen por imposible el remedio.
Doña Sancha	¿Por imposible?
Don García	Sí, pues no pueden dejar de serlo sabiendo yo de qué nacen,
Doña Sancha (Aparte.)	(¡Ay de mí, si mis afectos me han vendido pronunciando la causa con que los siento!) No presumo, yo, Señor, que sea imposible, viendo que a vos nada hay imposible.
Don García	Si hay, Sancha, que conociendo de qué tus penas proceden, poder contra ellos no tengo.

Doña Sancha	¿Pues de qué presumes, di (¡Corazón, salid al riesgo!) que pueda nacer de mí esta fiera pasión?
Don García	De eso. Tú, Sancha, de la prisión del Conde estás triste.
Doña Sancha	¡Cielos! ¿Qué escucho?
Don García	Porque quisieras ver logrados tus intentos.
Doña Sancha (Aparte.)	(¡Ay de mí, todo lo sabe!)
Don García	Dándole...
Doña Sancha (Aparte.)	(Hoy sin duda muero.)
Don García	Tu valor...
Doña Sancha (Aparte.)	(¡Ay infelice!)
Don García	Y tu bizarría...
Doña Sancha	¿Qué espero?
Don García	La muerte; y viendo que tarda la venganza, los extremos

han dado en esta tristeza,
por no ver ya al Conde muerto.

Doña Sancha   Es así (¡vivamos alma!)
que todos mis sentimientos
son, que dure en la prisión;
y si la verdad confieso,
el no verle salir della
a fin de lo que deseo,
que es ostentar mi valor,
es, Señor, lo que más siento.

Don García   Una y mil veces tan noble
rencor, Sancha, te agradezco;
pero los inconvenientes
que se me ponen en medio
del todo imposibilitan
mi venganza y tu deseo.

Doña Sancha   ¿Cómo, Señor, otra dicha?

Don García   Como ya Castilla, haciendo
alarde de sus finezas,
toda ya en armas se ha puesto,
y contra Navarra viene
con tan numeroso estruendo
que a esta ficción no perdona
mujeres, niños y viejos.
Tan extraña es la lealtad
de sus vasallos, que han hecho
pleitesía y homenaje
de no volver a su centro
sin llevar su Conde vivo
o sin fincar todos muertos.

A cuya causa, porque
nunca les arguya el tiempo
que obedecieron a quien
no fuese natural dueño,
una estatua suya traen
por su general, haciendo
leal ceremonia de que
él los gobierna, y atentos
al no mudado semblante
las órdenes que el Consejo
distribuye, dél las toman,
engañándose a sí mesmos
como que es veneración
hablarles con el silencio.
García Fernández, sobrino
suyo, el alma es deste cuerpo,
pues como intérprete fiel
lo pronuncian los acentos;
de quien es Albar Ramírez
nobilísimo escudero
de su casa y de su sangre
el principal instrumento.
Árbitro de aquestas armas
el rey de León, haciendo
protestas de que en el trato
no fue cómplice, se ha puesto,
si no va de parte suya,
sospechoso por lo menos
para conmigo; y así
marcha siempre a vista dellos
con su ejército, y aunque
dice que a ponerse en medio,
aquesto de ser Castilla
feudataria suya, temo

que en obligación le ponga
de mantenerla en su feudo.
De suerte, que viendo cuánto
está apurado y deshecho
de tantas pasadas lides
todo este navarro reino,
es fuerza que en atención
me ponga de cómo puedo
embarazar a Castilla
el paso contra su esfuerzo,
ni dar a León razones
que honesten las que yo tengo.
Si a sangre fría le doy
muerte al Conde, será cierto
que he de irritar contra mí
a todo el orbe, que atento
a tan gran facción, está
pendiente de mis intentos.
Si le pongo en libertad,
dirán que de infame miedo
aconsejado, dejé
de vengarme; y así, en medio
de su lealtad y mi agravio
no sé lo que me resuelvo,
y más oyéndote a ti,
que eres por quien más lo siento.

Doña Sancha   Bien te acordarás, Señor,
que el felice día primero
que de Navarra ceñiste
el sacro laurel y cetro,
fui la primera también
que irritando tus alientos,
te dispuse a la venganza

contra Castilla, poniendo
delante allí de tus ojos
cuantas razones pudieron
pronunciadas del valor
ayudarse del ingenio.
Pues yo la misma que entonces
te animé más, conociendo
cuanto es preciso vivir
a la obediencia del tiempo,
ahora contra mí misma
segundas causas alego
que borren de tu memoria
aquellas primicias, puesto
que no hay política como
saber trocar los afectos.
Si habló entonces mi dolor
llevado del sentimiento,
hable la razón ahora,
sin tocar en dos defectos
de mudable, pues no hay
en bueno ni en mal suceso
consejo tan acertado
como mudar de consejo.
Tú no puedes a Castilla
embarazar los alientos;
tú no puedes a León
cómplice hacer a tu duelo,
ni satisfacer al mundo,
fundando en justo derecho
la venganza; pues hagamos
virtud en tan grande empeño
hoy de la necesidad,
tomando por buen acuerdo
dar la libertad al Conde

con el público pretexto
de que ya queda vengado
quien no se venga pudiendo,
que si esto haces antes que
tanto militar estruendo
de cajas y de trompetas
llegue a los oídos nuestros,
ninguno podrá decir
que te obligaron a hacerlo
ajenas armas.

Don García   Detente,
No prosigas, que aunque vengo
a consultar mis desdichas,
no a resolverlas tan presto.
Bien pensé yo en tu valor,
en tu bizarría, en tu aliento,
hallar apoyo a una acción
que acá reservada tengo.
Pero viendo cuan de parte
ya de la piedad te has puesto,
sin que lo sepas, sabré
ejecutarla, poniendo
entre el rencor y la duda
tan proporcionados medios,
que disculpado y vengado
me dejen a un mismo tiempo.

Doña Sancha   No, Señor, porque hayas visto
templado en mí aquel incendio
de mi cólera, presumas
que ha sido más que un esfuerzo,
que hipócrita el corazón
hizo, pues volean del pecho,

111

aunque se cubra de nieve,
guarda el volcán acá dentro:
la razón de Estado fue
la que...

Don García   Basta, que no quiero
que las razones de Estado
te prevariquen tan presto.
Y pues yo, como te dije,
tengo modo con que a un tiempo
para todos disculpado
y para mí satisfecho
pueda quedar: le sabré
conseguir, a cuyo efecto
si vieres al Conde libre
de su prisión, o a lo menos
de su prisión aliviado,
no presumas que lo ha hecho
tu presunción, pues es solo
fingido afectado miedo
de dar a entender que he dado
oído a los muchos ruegos
de los príncipes de Europa;
y congraciado con ellos,
conseguir para conmigo
la ejecución de un veneno,
porque no pueda Castilla
ahora, ni en ningún tiempo,
blasonar de que cobró
a su Conde sino muerto.

(Vase.)

Doña Sancha   ¡Válgame Dios! ¡Qué de cosas

pasan por mí! ¿Cómo, cielos,
en tanto número puede
resistir el pensamiento?
Ahora bien, solos estamos,
corazón, pues apuremos;
¿Cómo puede ser posible
que sea capaz la esfera de un pecho
de tres tan contrarios distintos afectos?
El primero que de mí
se apoderó injusto dueño
de mi vida, fue el rencor,
monstruo tan sañudo y fiero
que obstinadamente altivo,
porfiadamente violento,
solo pudo aconsejarme
iras y aborrecimientos.
¿Qué señas son estas? ¿qué sombras? ¿qué lejos
de quien en un punto me obligo y me ofendo?
¿Qué pasión es esta?

(Sale Violante.)

Violante   Amor...

Doña Sancha   Mientes; ni es, ni puede serlo.
                 ¿Qué es amor?

Violante   ¿De qué, Señora,
                 te has disgustado? ¿Qué es esto?

Doña Sancha   De que me hayas dicho amor
                 pudiendo decirme celos.

Violante   No te entiendo.

Doña Sancha	No te espantes,
	que yo tampoco me entiendo;
	mas di, ¿qué ibas a decir?
Violante	Amor (perdone el respeto,
	que sabiendo tú que es mío
	también sabrás que es honesto)
	Me trae a echarme a tus plantas
	agradecida en extremo
	a la fineza que hoy
	por mí con el Rey has hecho,
	pues claro está que haber él
	a tus razones atento
	mandado aliviar las guardas
	al Conde, y que a aquestos bellos
	jardines pueda salir
	es de tu piedad efecto.
Doña Sancha	Si tú lo supieras más,
	tú me lo estimaras menos.
Violante	¿Por qué?
Doña Sancha	Porque no es piedad
	ni del Rey ni mía.
Violante	Supuesto
	que no lo sea, Señora,
	¿De qué es?
Doña Sancha	O no sé, o no quiero,
	que es demasiado apurar
	mi decoro o mi respeto

114

hablar tan a todas horas
conmigo en tu amor, y puesto
que yo he llegado a cansarme
de tan licencioso y necio
estilo, no me hables más
en toda tu vida en esto.

Violante   ¿De qué, Señora, te ofendes?

Doña Sancha   De nada y de mucho; pero,
o mucho o nada, Violante,
basta saber que lo siento.

(Vase.)

Violante   ¿Qué novedad (¡ay de mí!)
es la que con tal pesar
a Sancha pudo obligar
para que me hablase así?
Quién a su prisión por mí
a darle la vida entró;
quién por mí triste salió
de ver que él no la aceptase;
quién por mí... pero no pase
con este discurso yo
adelante, que es error
viendo ya el Conde el recelo.

(Salen el Conde y Nuño.)

Nuño   Vive Dios, que se está el cielo
de aquella misma color
que le dejamos, Señor.

Conde	¿Creerás que no es para mí de gusto ver su luz?
Nuño	Sí, que quien la puerta tenía franca y no se iba, debía de hallarse bien.
Conde	Es así; no tanto, Nuño, por mí, porque menester no había más luz quien a ver llegó en el oscura aspereza de su prisión la belleza de Sancha.
Nuño	Y yo que no veía ni esa luz ni la del día, ¿Qué haría sin ver el cielo?
Conde	Dar tu lealtad al consuelo de que conmigo morías.
Nuño	Muy lindo consuelo creo que es el que me das a mí.
Violante	Venturosa yo que vi logrado, Conde, el deseo de verte donde te veo.
Conde	Más venturoso, Violante, será quien firme y constante ha logrado la ventura de idolatrar tu hermosura.

Violante	¡Cuanto a un corazón amante. Conde, tu vida debió!
Conde	¿De qué suerte?
Violante	Escucha.
Conde	Di.

(Sale doña Sancha.)

Doña Sancha	Violante, vete de aquí que mejor lo diré yo.
Violante	¿Pues qué?
Doña Sancha	No prosigas, no, donde estoy, no haces ahora falta.
Violante	¿Quién mi muerte ignora?
Nuño	Violante, juego mayor dicen que quita menor.
Doña Sancha	¿Pues no te vas?
Violante	Sí, Señora.

(Vase.)

Doña Sancha	Aunque debiera estimar aquesta breve ocasión

que me da vuestra prisión
para poderos hablar,
no os tengo, Conde, de dar
parabién, porque no es bien
daros a vos parabién.
Sino a mí, pues llegué a hallarme
adonde pueda quejarme.

Conde   ¿Vos quejaros?

Doña Sancha   Sí.

Conde   ¿De qué?

Doña Sancha   De quien tan desvanecido,
idolatra de su honor,
desprecio hace del favor
y de la fineza olvido.

Conde   Si aquesa mi culpa ha sido,
o tarde o nunca podré
hallar disculpa.

Doña Sancha   ¿Por qué?

Conde   Porque hay linajes de culpa
que es gala el no hallar disculpa.

Doña Sancha   Ni entiendo, Conde, ni sé
que sea gala deslucir
finezas.

Conde   Mal puede ser
deslucir y agradecer.

Doña Sancha	¿Y es agradecer huir el rostro a no recibir beneficios?
Conde	Sí, Señora.
Doña Sancha	¿Cómo?
Conde	Repitiendo ahora lo que antes dije.
Doña Sancha	¿Y qué lo que antes dijiste fue?
Conde	Lo que os ha cantado Flora: «Que no porque sea en favor de mi impensada ventura hidalga vuestra hermosura, ingrato ha de ser mi amor.» Y aun otra causa hay mayor.
Doña Sancha	¿Mayor?
Conde	Sí.
Doña Sancha	¿Cuál pudo ser?
Conde	Esta dicha de volver a veros, pues si me hubiera ido entonces, no pudiera volveros ahora a ver. A dos peligros rendida se mira mi infeliz suerte,

irme y quedarme es mi muerte,
quedarme o irme es mi vida;
luego si la veo perdida
a un tiempo a los dos aceros
de quedarme y de no veros
pudiendo muerte elegir,
¿Cuanto mejor es morir
de veros que de no veros?
Si el irme me ha de costar
la vida, ausente de un bien,
y si el quedarme también,
porque me le han de quitar,
¿De qué me sirve estorbar
que un golpe al otro dilate,
sino que matarme trate
ajena mano, pues no
es justo el matarme yo
porque otro no me mate?
Y fuera de esto, no en vano
otra razón mi amor tiene.

(Sale Violante.)

Violante	Señora, tu hermano viene.
Doña Sancha	Idos, que viene mi hermano.
Conde	Yo no le veo.
Nuño	Y es llano que en todo el jardín entró.
Violante	A mí me lo pareció.

Doña Sancha	Vuélvete, y de aquí adelante no te parezca, Violante, lo que no mandare yo.
Violante	Celosa de tu rigor vine a avisar presurosa.
Doña Sancha	Ya veo que vienes celosa.
Nuño	Violante, juego mayor...
Violante	¡Hay tal pena! ¡Hay tal rigor! ¿Qué es lo que pasa por mí?
(Vase.)	
Nuño	Pidió un morillo baharí una esclava singular, y dijo el Rey: «No ha logar, que quererla para mí».
Doña Sancha	Sepa yo qué otra razón es, Conde, la que tenéis para que preso os quedéis viendo abierta la prisión.
Conde	Resultar la presunción contra vos, y fuera impío desaire de mi albedrío que en el noble duelo nuestro no viese yo el riesgo vuestro y vestidas vos el mío.
Doña Sancha	Pues para que no quedéis

vano de quedar mejor.
Sabed que ahora en mayor
peligro que nunca os veis:
la licencia que tenéis
para haber llegado aquí
no es por mejor.

Conde   ¿Como así?

Doña Sancha   ¡Cómo! ¿Más decirlo yo,
Conde, no basta?

Conde   Sí y no.

Doña Sancha   ¿De qué manera no y sí?

Conde   Sí, porque vos lo decís;
no, porque yo no lo creo,
atento al noble deseo
con que a librarme venís.

Doña Sancha   Pues, vive Dios, si no os vais...
Mas baste esto entre los dos;
Idos, Conde, idos con Dios
aquesta noche.

Conde   Si haré,
con una condición.

Doña Sancha   ¿Qué?

Conde   Que os vengáis conmigo vos.

Doña Sancha   ¿Partidos pedir procura

	quien ve su vida perdida?
Conde	Sí, que no es salvar mi vida
	condenar vuestra hermosura.
Doña Sancha	Ved que el Rey os asegura
	para... pero no prosigo;
	idos, pues, que yo os lo digo.
Conde	¿Mandáislo vos? Yo me iré,
	con otra condición.
Doña Sancha	¿Qué?
Conde	Que os he de llevar conmigo.
	Y, en fin, para que los dos
	vanamente no gastemos
	el tiempo que no tenemos,
	yo vine, Sancha, por vos,
	sin vos no he de irme, por Dios,
	que esto de guardar mi vida
	de tan hermoso homicida
	es poco riesgo; porque,
	¿Cuándo en mi vida podré
	perderla más bien perdida?
	¿Sin responderme volvéis
	la espalda? ¿Aun no me miráis?
	¿Suspiros al viento dais?
	¿Llanto a la tierra ofrecéis?
Doña Sancha	En fin, Conde, ¿no queréis
	iros?
Conde	Sí, mas no sin vos:

¿No respondéis?

Doña Sancha   Mal los dos
nos detenemos hablando;
yo daré respuesta.

Conde   ¿Cuándo?

Doña Sancha   A la noche, adiós.

(Vase.)

Conde   Adiós.
Nuño, ¿qué es esto?

Nuño   Señor,
Esto, si se considera,
es que Sancha...

(Sale Violante.)

Violante   Aguarda, espera,
que yo lo diré mejor.

Nuño   Si hará, que juego mayor...

Violante   esto es ser soberbio, vano,
mal caballero y villano,
pues a quien os quiso bien...

(Sale doña Sancha.)

Doña Sancha   Violante, conmigo ven,
mira que viene mi hermano.

Violante	Yo no lo veo.
Doña Sancha	Yo sí, y de su rigor celosa, vengo a avisar presurosa; verte, Violante, tras mí: y vos, Conde, idos de aquí.
Violante (Aparte.)	(¡Quién vio más fiero rigor!)
Nuño	Violante, juego mayor...
Conde	¡O si ya en la noche oscura la más hidalga hermosura viese el más constante amor!

(Vanse.)

(Salen Albar Ramírez, García Fernández y soldados con un retrato del Conde.)

Albar Ramírez	Suenen en esta parte destempladas las músicas de Marte con funesta armonía, haciendo salva al trasponer el día al Ebro, en cuya playa parte jorisdiciones esa raya de Navarra y Castilla, acuartelando en su desierta orilla el ejército todo. Castellanos, oíd, que deste modo lo manda nuestro Conde, por la voz que su oráculo responde.

García Fernández	Haced alto, soldados,
	y en la margen del Ebro acuartelados
	velad la noche y esperad el día.
Soldados	¿Quién nos lo manda?
García Fernández	¿Quien mandar podía,
	ilustres castellanos,
	heroicos pechos, dignamente vanos,
	que su Conde no fuese?
Soldado I	¿De manera
	que tú dices por él lo que él dijera
	si se hallara presente?
García Fernández	Claro está, que yo soy tan solamente
	una voz que sus órdenes os labra.
Soldado II	Pues haced alto, y pase la palabra.
	Este es el sitio donde
	el cuartel de la corte para el Conde
	prevenido tenemos.
Albar Ramírez	Ya que ceremoniosos los extremos
	de la gran lealtad nuestra
	hacen con su retrato noble muestra
	de nuestro honor altivo
	lo que con él hiciera estando vivo,
	antes que se retire en esa mansa
	estancia a persuadirnos que descansa
	de prolijos cuidados,
	llegad, tomad sus órdenes, soldados.

Soldado I	Yo por el nombre vengo ya que a mi cargo distribuirle tengo.
García Fernández	San Pedro, y sea contraseña san Pedro de Cardeña.
Soldado II	¿Qué orden das a las guardas?
García Fernández	Que dobladas las postas, por el campo derramadas estén tal, que una a otra se responda; la ronda vele, y sea sobreronda Albar Ramírez esta noche entera, dando una vuelta y otra a la ribera.
Soldado III	Por el orden tu ejército me envía.
García Fernández	El orden es que al despuntar el día amanezcan formados todos los escuadrones, y que osados con altivez bizarra, talando entre los campos de Navarra; en ella desde luego publicando la guerra a sangre y fuego.
Todos	Viva tu fama altiva.
García Fernández	No, soldados, decid que el Conde viva.

(Cúbrese la tienda y García Fernández.)

Albar Ramírez	Ya que a mí me ha tocado la sobreronda, vele mi cuidado sin que un breve, un pequeño

término de la noche rinda el sueño.
¡Qué oscura! ¡Qué medrosa!
¡Qué triste! ¡Qué cruel! ¡Qué pavorosa!
¡Trémulamente baja
envolviendo en la lóbrega mortaja
de sus sombras las señas,
de campos, ondas, árboles y peñas!
Va en profundo silencio sepultado
el ejército yace sin cuidado,
solo porque la vela
la atención de una y otra centinela.
¡Oh humana confianza!
Poca seguridad tu vida alcanza,
pues tantos duermen con descuido incierto,
en fe de que uno solo está despierto.
Mas, ¿qué es aquello?

Soldado I   Muda nos pregona
la noche que al camino de Pamplona
hay gente en lo intrincado y escondido.

Albar Ramírez   De montados caballos es el ruido,
pues tascan repetidas
coscojas y alacranes, de las bridas.
Venid todos conmigo,
quizá gente será del enemigo,
puesto que a aqueste lado
caballería nuestra no ha llegado.

Soldado II   Todos te seguiremos.

Albar Ramírez   La vuelta por detrás dellos tomemos,
porque viendo ocupada
la avenida no tengan retirada,

si acaso, como digo,
tropa avanzada es del enemigo;
y advertid que conviene
más ahora prenderlos que matallos.

(Vanse.)

(Salen el Conde, doña Sancha, Nuño.)

Conde   Mientras toman aliento los caballos,
aquí, desempeño noble
de cuantas bellezas, cuantas
hermosuras padecieron
el sobrenombre de ingratas,
podrás descansar segura,
ya que aquí troncos y ramas,
segunda noche, del viento
con dos defensas nos guarda.

Doña Sancha   Ya, Conde, habemos llegado,
según decís, a la raya
de Castilla.

Conde   Sí, Señora;
que en esa línea de plata,
vasallo el Ebro dos veces
las dos coronas aparta.

Doña Sancha   ¡Gracias al cielo que pongo
en vuestra tierra las plantas!

Conde   ¡Que fuera de todo el orbe
corona, para ilustrarla,
quisiera yo!

Nuño (Aparte.)   (¡Jesucristo!
                     ¡Qué plática tan cansada!
                     Luego me estuviera yo hecho
                     hecho Conde de demandas,
                     hallándome en un campito
                     con una señora Infanta!)

Doña Sancha   Quiero darme por vencida
                     en cuestión tan cortesana,
                     por lo bien que a mí me está
                     haber sido siempre amada
                     sin ser nunca aborrecida.

Conde   Testigos son estas altas
                     peñas del gusto con que
                     a ellas llegué, en confianza
                     de vuestro amor, cuando Ortuño
                     dellas salió de emboscada.

Nuño   Y aun ahora, vive Dios
                     si no es que el miedo me engaña,
                     me parece que te veo
                     cercado de gente y armas.

(Salen Albar Ramírez y soldados.)

Albar Ramírez   Mientras yo los reconozco
                     tomad todos las espadas.

Doña Sancha   Y es verdad que hacia nosotros
                     se acercan.

Conde   ¿Qué, te acobardas?

Ponte en un caballo de esos,
que yo mientras tú te escapas
les saldré al paso.

Doña Sancha   ¿Qué importa
                    vivir yo si tú me faltas?

Albar Ramírez   ¿Quién va?

Conde   Amigos.

Nuño   Y harto amigos.

Conde   Caminantes son que pasan.

Albar Ramírez   ¿De Navarra o de Castilla?

Nuño (Al Conde.) Si castellano te llamas
                    es dar otra seña más
                    de quién eres.

Albar Ramírez   ¿Pues qué aguardan?
                    ¿Son navarros?

Conde   Sí lo somos.

Albar Ramírez   Pues las vidas o las armas
                    rendid.

Nuño   Por ser castellanos
                    otra vez en esta estancia
                    nos prendieron.

Albar Ramírez   Pues ahora

por ser navarros.

Nuño
                                    ¡Mal haya
quien no fuere turco otro
día si por aquí pasa!

Albar Ramírez   ¿Qué esperáis? Armas o vidas
rendid.

Conde
                            No están enseñadas
a rendirse las que yo
traigo al lado.

Nuño
                                    ¡Pesia mi alma!
Las que yo traigo no están,
desde que a la escuela andaba
enseñadas a otra cosa.

Albar Ramírez   En vano es vuestra arrogancia,
las vidas tenéis seguras
si os dais a prisión.

Nuño
                                        ¿Qué aguardas?
Date, Señor, a prisión,
que no faltará otra Infanta.

Conde   ¿Yo a prisión?

Albar Ramírez   Sí.

Conde   ¿A quién?

Albar Ramírez   Al Conde
de Castilla.

Nuño   ¡Linda chanza!

Conde   ¿A qué Conde de Castilla?
                (Sin vida estoy.)

Albar Ramírez   Yo sin alma.

Conde   Si el Conde está preso...

Albar Ramírez   Al Conde
                que hoy nos gobierna y nos manda.

Conde   Pues ¿cómo Castilla tiene
                Conde, y a su sangre hidalga
                pudo en ningún tiempo...

Albar Ramírez   Éste
                no lo es de réplicas tantas;
                llegad, prendedles.

Conde   Mirad
                que soy...

Albar Ramírez   Tapadles las caras.

(Llegan por detrás y véndanlos los ojos.)

Doña Sancha   Escuchad antes.

Albar Ramírez   Ponedles
                sobre los rostros las bandas.

Nuño   Lacayo soy de tejón,

no caballo de lanzada.

Albar Ramírez   Porque amaneciendo ya
no pueda la luz del alba
el número descubrirles
de todas nuestras escuadras,
conociendo de qué modo
o se acuartelan o marchan,
venid con ellos cubiertos
donde el Conde nos aguarda.

Soldado I   Ya su tienda desde aquí
nos descubren estas ramas.

Albar Ramírez   ¡Ah de la tienda real
de nuestro Conde!

García Fernández (Dentro.)

                      ¿Quién llama?

(Sale García Fernández.)

Albar Ramírez   Quien a tu orden obediente
descubriendo la campaña
toda aquesta noche, trae
prisioneros de Navarra
de quien puedas tornar voz
en cuanto dispone y traza.

García Fernández   Descubrid algunos dellos,
iya que el día se declara,
para que sepamos dél
sonde su Rey nos aguarda.

134

Albar Ramírez	Prisionero, a quien trajeron aquí tus fortunas varias, éste es de Castilla el Conde, llega y échate a sus plantas.
Conde	¿Quién es conde de Castilla? ¿Quién os gobierna?
García Fernández	Esta estatua, que yo no soy más que solo voz suya que por él habla.
Conde	Pues yo me rendiré a ella, ya que mis fortunas trazan que yo con alma y con vida a mí sin vida y sin alma me rinda.
García Fernández	¡Cielos! ¿Qué miro? Danos, gran Señor, tus plantas.
Conde	Esperad, que aunque quisiera daros a todos las gracias de igual fineza, primero, porque hay otra circunstancia (y porque no pierdan tiempo obligaciones tan altas) que a mí os habéis de rendir a mi esposa doña Sancha,
(Tocan.)	que es a quien debo la vida. Pero ¿qué trompas y cajas en dos partes divididas, asustan estas campañas?

García Fernández   El Rey de León es éste
que siempre a la vista marcha
de nuestro ejército.

Albar Ramírez   Esotro
es el gran Rey de Navarra,
que con la gente que pudo
seguirle, viene en demanda
tuya, y los dos igualmente
parece que se adelantan.

García Fernández   Pues para que los recibas
como dueño destas armas,
toma el bastón, que en tu nombre
regi, gobiérnalo y manda.

(Salen por una puerta el Rey y soldados, y por otra don García y
Violante.)

Don García   ¡Ha del campo de Castilla!

Rey   ¡Ha de su nobleza hidalga!

Conde   Rey Ramiro de León,
García, Rey de Navarra,
¿Qué es lo que a Castilla quieres?
¿Qué es lo que a su Conde manda?

Rey   Yo, Conde, viéndole libre,
nada ya, porque mis armas
solo a componer venían
de tu peligro la causa,
dando así satisfacción
al mundo de que culpada

no fue mi intención, pues solo
fue la Reina quien lo traza.

| Don García | Yo, viéndote libre, vengo
a darte muerte en venganza
de haber con traición robado
de mi palacio mi hermana,
de quien aviso me dio
Violante, que me acompaña. |

Conde   A ti, Señor, te agradezco
el intento con que marchas,
y cómo tu feudatario
humilde besó tus plantas.
Y a ti agradezco también,
no que este pretexto traigas,
sino el poder disculparme
en la acción de que te agravias
si tú a tu hermana me ofreces
y con ese fin me llamas,
¿De qué te puedes quejar
de que me lleve a tu hermana?

Don García   De que ella contra mi gusto...

Doña Sancha   Eso me toca a mí, aguarda
si tú, contra el gusto mío,
con él, gran Señor, me casas,
¿No es más lisonja que ofensa
cumplirle yo tu palabra?
Yo soy esposa del Conde.

Don García   Con eso ya ¿qué venganza
pueden tener mis ofensas?

Violante	Ni mi amor ya, ¿qué esperanza?
Rey	Ni ya mis armas, ¿qué acción?
Albar Ramírez	Ni Castilla, ¿qué más fama?
Nuño	Para que enojos y quejas acaben adonde acaba «la mas hidalga hermosura», perdonad sus muchas faltas.

Fin de la comedia

Libros a la carta

A la carta es un servicio especializado para

empresas,

librerías,

bibliotecas,

editoriales

y centros de enseñanza;

y permite confeccionar libros que, por su formato y concepción, sirven a los propósitos más específicos de estas instituciones.

Las empresas nos encargan ediciones personalizadas para marketing editorial o para regalos institucionales. Y los interesados solicitan, a título personal, ediciones antiguas, o no disponibles en el mercado; y las acompañan con notas y comentarios críticos.

Las ediciones tienen como apoyo un libro de estilo con todo tipo de referencias sobre los criterios de tratamiento tipográfico aplicados a nuestros libros que puede ser consultado en Linkgua-ediciones.com.

Linkgua edita por encargo diferentes versiones de una misma obra con distintos tratamientos ortotipográficos (actualizaciones de carácter divulgativo de un clásico, o versiones estrictamente fieles a la edición original de referencia).

Este servicio de ediciones a la carta le permitirá, si usted se dedica a la enseñanza, tener una forma de hacer pública su interpretación de un texto y, sobre una versión digitalizada «base», usted podrá introducir interpretaciones del texto fuente. Es un tópico que los profesores denuncien en clase los desmanes de una edición, o vayan comentando errores de interpretación de un texto y esta es una solución útil a esa necesidad del mundo académico.

Asimismo publicamos de manera sistemática, en un mismo catálogo, tesis doctorales y actas de congresos académicos, que son distribuidas a través de nuestra Web.

El servicio de «Libros a la carta» funciona de dos formas.

1. Tenemos un fondo de libros digitalizados que usted puede personalizar en tiradas de al menos cinco ejemplares. Estas personalizaciones pueden ser de todo tipo: añadir notas de clase para uso de un grupo de

estudiantes, introducir logos corporativos para uso con fines de marketing empresarial, etc. etc.

2. Buscamos libros descatalogados de otras editoriales y los reeditamos en tiradas cortas a petición de un cliente.

9 788498 162264